PAUL BADDE

DIE HIMMLISCHE STADT

DER ABENDLÄNDISCHE TRAUM
VON DER GERECHTEN
GESELLSCHAFT

Luchterhand

Die Deutsche Bibliothek – CIP-Einheitsaufnahme
Badde, Paul: Die himmlische Stadt : der abendländische
Traum von der gerechten Gesellschaft /
Paul Badde. – München : Luchterhand, 1999

1 2 3 00 99

Satz: Wilhelm Röck, Weinsberg
Druck und Bindung: Druckerei Pustet, Regensburg

ISBN 3-630-87999-3

Für Raam, Joseph,
Jakob, Maria
und Christina

Inhalt

Es ist ja überhaupt so, daß zeitgenössische Geschichte die beste Geschichte ist. Thukydides bleibt nicht zufällig das unerreichte Vorbild aller Historiker. Im Grunde weiß eben doch nur der Zeitgenosse, ›wie es eigentlich gewesen ist‹. Alle Quellenforschung und Quellenkritik ersetzt nicht die eigenen Augen, die es wirklich gesehen haben, und vor allem nicht die eigene Nase, die es wirklich gerochen hat.

SEBASTIAN HAFFNER

Der freiheitliche, säkularisierte Staat lebt von Voraussetzungen, die er selbst nicht garantieren kann. Das ist das große Wagnis, das er, um der Freiheit willen, eingegangen ist.

ERNST-WOLFGANG BÖCKENFÖRDE

Vorbemerkung

Es gibt einen Schlüssel zum Geheimnis Europas. Er findet sich am Schluß der Bibel in der Apokalypse oder Offenbarung des Johannes, in der es im 21. Kapitel heißt: »Ich, Johannes, sah die Heilige Stadt, das neue Jerusalem, von Gott her aus dem Himmel herabkommen; sie war bereit wie eine Braut, die sich für ihren Mann geschmückt hat.« Diese Worte liegen fast allen Umwälzungen unseres Erdteils wie ein verborgener Code zugrunde. Aus ihnen ist mit blutrotem und goldenem Garn der Faden unserer Geschichte gesponnen. Fast zweitausend Jahre schon bewegt dieser Signaltext unser Schicksal.

Wenn er jedoch in vielen Kathedralen, Klöstern und Kapellen jedes Jahr am 9. November verlesen wird, dann deshalb, weil mit diesem Tag an die Weihe der Lateranbasilika in Rom im Jahr 324 erinnert wird, als der heidnische Kaiser Konstantin den Christen im römischen Weltreich eine große Basilika unmittelbar neben seinem eigenen Palast stiftete. Nur zwanzig Jahre vorher hatten sie im selben Reich unter ihrer härtesten Verfolgung gelitten. Es war ein Wendepunkt der Weltgeschichte. Es war der Anfang des Abendlands.

Auch am 9. November 1923, als der vierunddreißigjährige Adolf Hitler in München einen Zug Rebellen in das Feuer der bayerischen Landespolizei führte, oder am 9. November 1938, als die Synagogen aus den Silhouetten der deutschen Städte herausbrannten, oder am 9. November 1989, als in Berlin die Mauer fiel, hieß es deshalb in Hunderten Gotteshäusern Europas in den Vesperfeiern wieder so fremd, dunkel und rätselhaft: »Ich sah die Heilige Stadt, das neue Jerusalem, von Gott her aus dem Himmel herabkommen ... Einen Tempel sah ich nicht in der Stadt. Denn der Herr, ihr Gott, der Herrscher über die ganze Schöpfung, ist ihr Tempel, er und das Lamm.«

München, November 1989

Am Anfang war Europa als Stadt gedacht.

Gegen Abend jenes 9. November 1989 löschte ich früh das Licht in meinem Arbeitszimmer und schaute versonnen den Fußgängern unter dem Fenster auf dem Goetheplatz nach. Es war Donnerstag. Hätte ich damals von jener Lesung in der Vesper dieses Tages gewußt, wäre ich gegen sieben Uhr vielleicht ins Annakloster gefahren, um den alten Worten noch einmal zu lauschen. Denn kein Text hatte mich in den Jahren zuvor so sehr beschäftigt – als Mitglied der römischen Kirche, als Bürger der westdeutschen Bundesrepublik, als Geschichtslehrer, als Reporter. Vielleicht wäre ich aber auch nicht gefahren und hätte nur weiter aus dem Fenster geschaut und mich des Lebens und der Erinnerungen gefreut.

Es war so mild in München. Ein wundervoller Herbsttag ging zu Ende, nach einem großen Sommer vom Ural bis zum Atlantik. Im Frühjahr war ein Kind aus Deutschland mit einem Sportflugzeug unter allen Radarschirmen des Warschauer Paktes hindurch geflogen und mitten auf dem Roten Platz in Moskau gelandet, am »Tag der sowjetischen Streitkräfte«. Kein Blitz hatte ihn getroffen, keine Rakete den Frevel beantwortet. Wenige Wochen danach hatte ich in Leningrad verfolgt, wie sich in den weißen Nächten eine erregte Menschenmenge in den Kolonnaden der Kasankathedrale versammelte und durcheinanderdiskutierte. Wolkengebirge türmten sich über diesem Museum des Atheismus auf, in allen Farben. Ich verstand von allem kein Wort, aber sah: Diese Stadt stand unter Strom. Die Gedanken waren frei geworden.

Es war der gleiche Sommer, in dem schließlich nicht die Tornados der Nato, sondern die Schritte Abertausender von

Flüchtlingen aus Ostdeutschland das endgültige Ende des Kalten Weltkrieges herbeiführen sollten. Und nun hatte sich in den letzten Tagen die Geschichte noch einmal wie nie zuvor seit meiner Geburt beschleunigt. Noch nie waren die Neuigkeiten aufregender gewesen.

Doch jetzt wollte ich keine Nachrichten mehr hören noch sehen. Am nächsten Morgen würde endlich ein Artikel von mir in der Zeitung erscheinen, an dem ich so lang wie an keinem anderen gesessen hatte. Sieben Jahre lang hatte ich mich über die abenteuerlichen Wirkungen gebeugt, die die Vision des himmlischen Jerusalems in der Geschichte Europas und der ganzen Welt entfaltet hat – der Traum von der heiligen messianischen Stadt Gottes, die sich von oben auf die Erde senkt. Und morgen früh würde ich endlich einen Bauplan jenes Motors so vieler historischer Verwerfungen und Brüche auf diesem Erdteil in der Zeitung skizzieren und vom Ursprung unseres so rätselhaften und immer ungestillten Hungers nach Revolution erzählen dürfen. Ich konnte kaum glauben, daß es endlich wahr geworden war. Nun räumte ich noch ein wenig auf, nahm Hut und Mantel, verschloß die Tür des Büros, ging noch am Briefkasten vorbei, um die Post einzuwerfen, und machte mich auf den Heimweg.

Wo war ich also, als drei Minuten vor sieben in Ostberlin ein Politbüromitglied auf einer Pressekonferenz beiläufig verkündete, »ab sofort« könnten alle Bürger seines Staates ungehindert in den Westen reisen? Wo war ich, als unmittelbar danach ein Volk durch die Mauer ging? Auf einem U-Bahnhof? Im Bus? Gewiß wurde mein Artikel in jenen Stunden jedenfalls von der fallenden Mauer in Berlin unter sich begraben. Denn wer mochte die Geschichte zwischen den Nachrichten dieser Nacht am nächsten Morgen noch lesen?

»Wir nehmen sie einfach irgendwann ins Blatt«, hatte Thomas Schröder kurz zuvor gesagt, mein Chef in der Redaktion des Magazins der Frankfurter Allgemeinen Zeitung, »nicht zu Ostern, Pfingsten, Weihnachten oder sonst einem Feiertag, sondern einfach zwischendurch, an einem beliebigen Termin.« Wohl kein anderer Chef sonst hätte sich darauf eingelassen. Für einen Zeitungsbericht war die Sache viel zu lang. Offen gestanden, wollte ich mit diesem Stück ja vor allem Frieden mit meiner früheren Existenz als Geschichtslehrer machen. Hier wollte ich meinen ehemaligen Schülern noch einmal einen roten Faden der Weltgeschichte Europas aufwickeln. Als Reporter hatte ich in den letzten Jahren die Welt nach den Spuren der himmlischen Stadt durchforscht. An jedem Ort hatte ich den Zeichen nachgespürt, die den Grundriß der Heiligen Stadt auf Landkarten und Stadtplänen durchscheinen lassen. Alle Arbeiten waren Teil eines Tagebuches dieser Suche geworden. Den heiligen Gral hätte ich nicht hartnäckiger suchen können. Dennoch muß ich die Geschichte nun für dieses Buch noch einmal ganz neu erzählen. Innerhalb von zehn Jahren sind große Reiche verschwunden, neue Staaten auf der Landkarte aufgetaucht. Grenzen wanderten, andere fielen.

Nur der Anfang dieser Geschichte ist immer noch derselbe wie der des inzwischen vergilbten Zeitungsartikels aus der Nacht des 9. auf den 10. November 1989: Am Anfang war das Europäische Haus als Stadt gedacht ...

Jerusalem, 1000 vor bis 100 nach Christi Geburt

Die Geschichte einer Sehnsucht am Tisch der Propheten.

Ja, am Anfang war es so. Was Europa wesentlich geformt hat, wurde ursprünglich in Vorderasien geplant: im Heiligen Land, wo die Heilige Stadt erstmals als ein Ort des Friedens für die Menschen geschaut wurde. Die Vorstellung dieses Gegenentwurfs zu den Sklavenhäusern aller Tyrannen der Erde wurde über Jahrhunderte entwickelt. Die Stadt Gottes unter den Menschen! Eine ewig gerechte Welt, an der jede Herrschaft immer wieder gemessen werden kann. Diese himmlische Stadt ist das gesellschaftliche Urmeter Europas. Die Sehnsucht nach einem solchen Gemeinwesen ist der Keim unserer Zivilisation, in der das Jüdische zu einem Ferment der Unruhe in Europa geworden ist: einer prophetischen Unruhe auf Gottes Gerechtigkeit schon auf der Erde hin.

Denn es waren ja die Juden, die diesen Traum zuerst geträumt haben – das kleinste Volk zwischen den orientalischen Großmächten der Antike, zwischen Ägypten im Süden und Assur, Babylon und den Persern im Norden und Osten und den Städten der Kanaaniter und Phönizier im Westen. Zwischen diesen Sonnen-, Sternen- und Erdanbetern behaupteten die Hebräer erstmals, daß ihr Gott einer, einzig, unsichtbar und der Schöpfer des Himmels und der Erde sei und daß er unter den Menschen wohnen wolle, am liebsten in seiner Stadt: in Jerusalem, der Hauptstadt Israels. Das läßt sich alles nachlesen. Die Bibel erzählt in vielen Kapiteln davon, wie die Propheten Israels um die Architektur und fortwährende Erneuerung dieser Stadt ringen, die allein sie preisen wollen.

Mit der letzten Offenbarung setzte der Seher Johannes deshalb nur noch einen glänzenden Schlußstein auf dieses Gebäude, in dem er wie in einem Kaleidoskop alle Visionen der Gottesstadt in einem unvergleichlichen Formen- und Farbenspiel zusammenfaßt, mit dem Bild und Plan einer ebenso großen wie gottes- und menschenfreundlichen Stadt und schließlich mit der befremdenden Inthronisation »des Lammes« in der Mitte dieser Metropole aller Völker.

Mit den Aposteln gelangte diese Geschichte zuerst nach Europa, allen anderen voran durch Petrus und Paulus. Die Grundsteine des Abendlandes wurden auf ihre Gräber, später auf die der Märtyrer und Heiligen gelegt – vom Grab des Judas Thaddäus in Edessa bis zum Grab des Jakobus in Santiago oder dem des Matthias in Trier. Und geradeso wie das alte Israel die Gesetzestafeln des Moses in der Bundeslade bis zum ersten Tempelbau immer mit sich führte, geradeso wurde auch das Bild des goldenen Jerusalems von Königen, Heiligen und Kriegern durch alle Zeiten Europas getragen. Hundertmal wurde das Bild geraubt und versteckt, tausendmal übermalt, verkleistert, verdreht und geschändet. In fast jeder Zeit sieht es anders aus. Es verändert sich nach jedem Schritt unserer Geschichte. Kaum hundert Generationen sind seit der Zeit der Apostel vergangen. Darum sind die Spuren des neuen Jerusalems innerhalb des europäischen Hauses trotz aller Übermalungen auch noch leicht zu identifizieren. Heute gleitet seine verschachtelte Fassade von Lichtern übersät wie ein Ozeanriese in der Dämmerung an uns vorüber in das weite Offene des nächsten Jahrtausends.

Dreitausend Jahre haben in dem Komplex mit seinen unendlich vielen Stockwerken, Korridoren, Treppen und Zimmern Platz. Kreuzgänge wechseln mit Gärten und Innenhöfen ab, Vorder- mit Hinterhäusern, Terrassen, Türmen, Bibliotheken, Hallen, Kammern, Kapellen, Erkern und Kerkern und Sälen voller Bilder. Es ist ein magisches Haus mit tausend Zimmern, einem Raum für jedes Gefühl und jedes Verlangen. Aus Hunderten von Fenstern winken uns Personen zu. Über alle Flure ist hier der richtige Weg in die Zukunft gesucht worden.

Und da die Fenster offenstehen, weht durch das Gebäude immer ein Hauch von Ewigkeit, vom Himmel und von der Hölle her. Gegenwart und Vergangenheit wechseln in ihm von Tür zu Tür, und von manchen Zimmern kann man durch die Wand geradewegs ins nächste schreiten.

So war es damals, als mich mein Vater als kleines Kind erstmals in den verschachtelten Komplex mitnahm, und so ist es auch heute noch, wo es hier nur einer langen Leiter bedarf, um in jenen Festsaal am Firmament hochzusteigen, wo wir die Propheten im Gespräch über ihren Lieblingsort noch einmal zu Tisch bitten und ihnen lauschen wollen, bevor wir uns durch die Zimmerfluchten des riesigen Gebäudes auf die Suche nach der neuen Stadt machen werden. Auf einer kleinen Lichtung in der Nähe meines Elternhauses, die wir als Kinder den »Abendplatz« nannten, lehnen wir die Leiter einfach an den Himmel. Der Abendstern leuchtet funkelnd über dem Ort wie ein Signale sendender Satellit.

Schon auf den letzten Sprossen dringt ein gewaltiger Hymnus herab: »Freu dich, du Unfruchtbare, die nie gebar, du, die nie in Wehen lag, brich in Jubel aus und jauchze! ... Mach den Raum deines Zeltes weit, spann deine Zelttücher aus, ohne zu sparen. ... Denn siehe, schon erschaffe ich einen neuen Himmel und eine neue Erde. Denn ich mache aus Jerusalem Jubel und aus seinen Einwohnern Freude. ... Nie mehr hört man dort lautes Klagen. Dort gibt es keinen Säugling mehr, der nur wenige Tage lebt, und keinen Greis, der nicht das volle Alter erreicht.«

Im Saal reicht in der Mitte ein Tisch aus Olivenholz über gut zwölf Jahrhunderte hinweg. Durch eine Öffnung im Boden können wir tief unter uns die felsige Landbrücke zwischen Asien und Afrika an der Mittelmeerküste in allen Einzelheiten in der Sonne erkennen und den Schnee des Hermon, den See Genezareth, das grüne Jordantal und das Türkis des Toten Meeres mit bloßem Auge unterscheiden.

Hier aber bedecken Teppiche die Wände, Weinkrüge stehen auf dem Tisch und Körbe mit Brotfladen. Meinen Namenspatron erkenne ich schon von weitem an seiner Glatze. »Das himmlische Jerusalem ist frei«, höre ich ihn jetzt als ersten, »und dieses Jerusalem ist unsere Mutter.« – »Ja, denn diese Stadt wird auf Gerechtigkeit gegründet«, antwortet ihm Jesaja, dessen Stimme ich von vorhin nun wiedererkenne, »Tag und Nacht steht sie den Verfolgten offen. Sie ist das Asyl der Flüchtlinge. Exilanten kommen von weit her zu ihr geströmt.« – »Hier will ich wohnen, hier will ich für immer das Antlitz Gottes schauen und mich satt sehen an seiner Gestalt, wenn ich erwache«, sagt König David, »von dieser Stadt wird man sagen: Jeder ist dort geboren. Denn Er, der Höchste, hat Zion gegründet.«

Alle Namen sind mit einem eigenen Buch in der Bibliothek der Bibel vertreten. Daß es aber in der Mehrzahl Dichter, Seher und Sänger sind, ist hier zu merken. Jesaja und ein Mann namens Ezechiel führen das Wort in dieser Runde. Ihre Augen leuchten. »Die Mauern Jerusalems macht man aus Edelstein, seine Türme und Wälle aus reinem Gold«, schlägt Tobit vor. »Ja, mit einem Fundament aus Malachit«, malt Jesaja das Bild weiter aus, »die Grundmauern aus Saphir, aus Rubinen die Zinnen, aus Beryll die Tore und alle Mauern aus kostbaren Steinen.« Wie auf der Tasche des Hohenpriesters sollen die Namen der zwölf Stämme Israels auf den zwölf Toren geschrieben stehen.

»Nein, das Neue Jerusalem hat gar keine Mauern«, steigert der Seher Johannes noch einmal den Entwurf dieser Stadt, »alle Häuser funkeln dort wie Edelsteine, die Dächer wie Smaragde. Selbst nachts ist sie taghell, sie leuchtet über den ganzen Erdkreis wie Gold, alle Häuser sind hier Paläste. Keiner herrscht mehr über ihre Bewohner, und keinen lassen sie dort mehr über den anderen herrschen.«

Die Weisheit wird in ihr wohnen. Die Stadt selbst wird zur großen Lehrerin der Völker werden. »In dieser Stadt fühlt sich der Schöpfer selber wohl. Sie wird zum Liebeslager des Allerhöchsten werden. An diesem Ort hat er seine Freude, an ihrer Verfassung ergötzt Er sich«, sagt Sacharja, »er selbst wird die schutzlose Stadt beschützen. Er wird sie allein groß machen und glänzender als alle anderen Orte. Jeder Kochtopf in Jerusalem ist dann so heilig und wichtig wie alle Geräte und Gefäße des Allerheiligsten. Er schleift die Mauern zwischen den Palästen und Hütten, und zwischen dem Tempel und seiner Stadt wird er den Vorhang selbst zerreißen.« Er selbst wischt hier die Tränen ab von jedem Gesicht. Die Großen fressen hier die Kleinen nicht auf, die Begabten helfen den Behinderten. Das Pläneschmieden und Sich-Begeistern will kein Ende nehmen. In dieser Stadt werden die Schwerter zu Pflugscharen umgeschmiedet und Lanzen zu Winzermessern. Es wird keinen Krieg mehr geben. Jeder wird unter seinem Weinstock und seinem Feigenbaum sitzen, und niemand wird ihn aufschrecken.

»Doch die Frevler kommen nicht hinein, und auch die Lügner nicht und nicht die Meineidigen!« sagt jemand. »Nein«, bestätigt Ezechiel, »denn diese ganze Stadt wird ihm gehören. Tyrannen wohnen dort nicht mehr in Gotteshäusern, Mörder gelten da nicht mehr als Helden, Macht und Gewalt nicht mehr als heilig!« Johannes erhebt sich noch einmal als letzter am Tisch – Johannes, der das geheime Buch Daniels öffnete, den die Löwen nicht anzurühren wagten. »Ein Gotteshaus sah ich nicht in dieser Stadt«, hören wir ihn jetzt, gerade nachdem Ezechiel den letzten Tempelbau der neuen Stadt noch einmal voller Eifer in allen Einzelheiten ausgemalt hat, »und ich sah sie von Gott her aus dem Himmel herabkommen. Er selbst, der Herrscher über die ganze Schöpfung, ist ihr Tempel, er und das Lamm, das auf dem Berg Zion steht. Es sieht wie geschlachtet aus. Doch dieses Lamm ist die Leuchte dieser Stadt!«

Das letzte Wort der Geschichte jedenfalls, da sind sich alle einig, wird keine Katastrophe sein, auch keine paradiesische

Oase wie für Adam und Eva. Nein, das Ende wird dieser neuen Stadt gehören. Sie wird so groß sein, daß nicht Wildnis sie umfängt, sondern sie wird sogar das Paradies als einen Garten mit einer sprudelnden Quelle in ihrem Innern umschließen. Vier Flüsse werden der Quelle entfließen, mit einem wahren Wald von Lebensbäumen an ihren Ufern. Das Lebenswasser wird die Wüsten zum Erblühen bringen und das Tote Meer gesunden lassen. Fische aller Art schlagen vor Lebensfreude Salto über den Wellen. Was die Natur an Köstlichkeiten hervorbringt, sprießt üppig in den Flußauen, es ist ein einziges Gedeihen, alle Tage des Jahres. Alles blüht und trägt gleichzeitig Früchte in dem Garten. Es ist Frühling, Sommer und Herbst, gleichzeitig Aussaat und Ernte. Alle Blätter sind reine Arznei. Die Stadt wird wie eine immerwährende Hochzeit sein, das Licht der Welt.

Es ist eine Wonne, bei diesem Gedanken zu verweilen. Alle Worte der Alten lösen sich für einen achtjährigen Knaben in Bilder auf, und die Bilder verstehe ich sofort. Eine züngelnde Natter ringelt sich um meinen Fuß, die ich im Zuhören durch meine Finger gleiten lasse. Das Leben ist so leicht. Da sehe ich rechts von mir das kleine ledergebundene Buch meines Vaters auf einem Bord, nehme es herab, um es auf einem Stuhl vor dem offenen Fenster wahllos aufzuschlagen, und lese: »Da flog zu mir einer der Seraphim heran, in seiner Hand ein glühendes Stück Kohle, das er mit einer Zange vom Altar genommen hatte. Mit ihm berührte er meinen Mund.« Es ist das erste Buch, das ich jemals selbständig aufgeschlagen habe. Gleißendes Sonnenlicht umhüllt mich. Ich gleite mit der Hand über die dunkle Holzmaserung des Stuhls, blättere weiter und lese: »Der Herr hüllte ihn ein, gab auf ihn acht und hütete ihn wie seinen Augenstern, wie der Adler, der sein Nest beschützt und über seinen Jungen schwebt, der seine Schwingen ausbreitet, ein Junges ergreift und es flügelschlagend davonträgt.« Sehnsucht erfaßt mich, während ich aufblicke, um dem Adler nachzusehen.

Jerusalem, im Jahr 33

Fünfzig Tage nach Pessach findet das erste Pfingstfest statt.

Als ich den Blick wieder senke, stehe ich vor zwei steinernen Löwenreliefs neben dem Tor einer alten Stadtmauer. Ich bin siebenunddreißig Jahre alt, verheiratet, Familienvater und zum ersten Mal in meinem Leben in dieser Stadt, allein. Blinzele in das gleißendhelle Mittelmeerlicht, das sich gerade mit dem Sonnenaufgang von einem ölbaumbestandenen Hügel in meinem Rücken über die ganze Stadtmauer ergießt. Hinter dem Tor folge ich dem groben Kopfsteinpflaster Richtung Innenstadt hinab und gehe zweihundert Meter weiter scharf nach links zurück eine Einfahrt hoch, wo Soldaten ein schweres Eisentor bewachen. Dahinter öffnet sich ein alter Innenhof, mit einem großen vergitterten Fenster in einer Granitwand aus mächtigen Quadern nach Süden hin, von wo aus mit dem nächsten Schritt die große Goldkuppel eines blau gekachelten Doms in der Mitte eines rechteckigen Plateaus in atemberaubender Vollkommenheit sichtbar wird und erglänzt.

Hier etwa muß der dritte Jesaja das neue Jerusalem zuerst erblickt haben. Israel war gerade aus der Babylonischen Gefangenschaft in das niedergeschlagene Land zurückgekehrt. Ein großer Schutthaufen bedeckte den gleichen Platz, auf dem gut fünfzig Jahre vorher der erste Tempel Israels von Nebukadnezar zerstört worden war – am neunten Tag des elften Monats im jüdischen Kalender, im Jahr 586 vor unserer Zeit. Kaum jemand hat die Heilige Stadt jemals schöner gesehen und besungen als jener Dichter über dem Trümmerfeld, das sich ihm damals hier bot. Ich kann meine Augen vom Anblick der Goldkuppel kaum losreißen.

In der erwachenden Altstadt habe ich Mühe, mich nicht an

jeder Kreuzung in dem Gewirr der dunklen Gassen, der Händler und Fußgänger zu verirren. Es duftet nach Minze, Mokka, Kohle und Kardamom. Die Rolläden werden mit Getöse geöffnet, ein Esel schreit, Kassettenrecorder ergötzen die frühen Kunden der Barbiere. Alle sind in Eile. Es ist ein einziges Gedränge und Geschrei. Nur um die schwerbewaffneten Militärpatrouillen herum verstummen ein paar Sekunden lang die Gespräche in den engen Schluchten dieses Irrgartens.

Am armenischen Konvent gibt plötzlich eine Mauer nach, an die ich mich lehne. Eine schmale Freitreppe führt durch einen kleinen Innenhof über verschiedene Mauervorsprünge auf das Dach der Jakobskathedrale. Das Golddach des Felsendoms im Osten leuchtet hier oben zum Greifen nah. Ein wenig nördlich schimmert das neue Goldkreuz über der Kuppel der Auferstehungskirche.

In der Nähe einer ummauerten Dachterrasse hat sich das Gewirr der Gassen verändert. Die Gebäude sind flacher, lehmiger, orientalischer – älter – geworden, und auch die Bekleidungen und Schals, in die der Wind fährt, haben sich verändert. Auf einem kleinen Platz herrscht Tumult. Dicht an dicht steht da eine erregte Menge und diskutiert wild durcheinander. Aber hier verstehe ich plötzlich jedes Wort, von jedem, der spricht, und jede Sprache!

Manche tanzen. Manche lachen übermütig, als wären sie betrunken. Bei einer Palme unterhalb der Terrasse stehen zwölf Männer und mitten unter ihnen eine ältere Frau; alle miteinander leuchtend wie Kerzen auf einem großen Leuchter. Es ist die Feuersäule vom Sinai, aus der Wüste, die sich da gerade auf alle Völker verteilt, höre ich einen sagen. Auf die Parther, Meder und Elamiter, auf die Bewohner Mesopotamiens, Kleinasiens, Arabiens und Afrikas und auch auf die Römer, die sich in Jerusalem aufhalten, und damit auf uns, die vielsprachigen Nachfahren des Imperium Romanum. Hier springt der Funke der jüdischen Geschichte gerade auf Alexandria, Antiochia und Korinth über und nach Europa und zündet unsere Geschichte an.

Schon in den letzten Tagen liefen die Zwölf da drüben durch die Gassen und erzählten aufgeregt jedem, daß sich am Vortag des Pessachfestes auf Geheiß der größten Autoritäten des Volkes der ungeheuerlichste Irrtum der Welt in der Stadt ereignet habe. Der Gerechteste sei gehenkt worden. Nicht wie Jeremias, den die Väter in die Jauchegrube geworfen hatten, nicht wie Joseph, der von seinen Brüdern verkauft worden war, nein, ihn hat man von den römischen Besatzern an den Pfahl nageln lassen. Zur gleichen Stunde, als die Priester im Tempel die Lämmer für das Fest schlachteten, haben sie ihn ausgepeitscht, grün und blau geschlagen und draußen vor der Stadtmauer hingerichtet.

Doch danach sei hier etwas vollkommen anders verlaufen, als jeder es erwartet hätte. Zwei Tage nach seinem Tod haben sie nur noch die Leichentücher in seinem Grab gefunden, ihn aber nicht mehr. Der Mann lebe, sagen sie. »Lamm Gottes« nennen sie ihn jetzt. Und nun sei er hier, da, im Norden und im Süden, schon von über hundert Mann gesehen worden. Er lebe, doch nicht als Rächer!

Bald werden die ersten von ihnen aufbrechen und dieses Feuer wie Olympioniken in alle Teile der bewohnten Erde tragen. Von diesem Pfingsttag an versammeln sie sich ständig zum Gebet im Tempel über dem Kidrontal und halten gemeinsam Mahl in ihren Häusern, schon bald zusammen mit unreinen Heiden – Römern, Griechen, Syrern. Von diesem Tag an wächst ihre Gemeinde täglich. Eine Generation später, als die Tempelanlage des Herodes durch die Römer in Flammen aufgeht – wieder am neunten Tag des elften Monats, wie schon bei der ersten Zerstörung des ersten Tempels –, bleiben ihnen nur noch die Synagogen und der gemeinsame Tisch, an dem bei ihnen Beschnittene und Unbeschnittene, Juden und Heiden, Herren und Sklaven und Männer und Frauen zusammenkommen. Es gibt keine Armen unter ihnen, lassen sie die Habenichtse der antiken Sklavengesellschaften wissen. Dreihundert Jahre lang werden diese christlichen Kibbuzniks nichts bauen, was den späteren Kirchen ähnelt. Den Römern fallen sie durch ihre Gewaltlosigkeit und Todesverachtung auf.

Noch etwas zeichnet sie in diesen Tagen, Wochen und Jahren aus: Sie beten keine Könige, Kaiser oder Tyrannen mehr als Götter an. Kein Lebender darf bei ihnen mehr heilig heißen. Und sie glauben, Christus, der Messias, wird bald wiederkommen, sehr bald, vielleicht schon in Tagen oder Wochen, und nicht erst in vielen Jahren. Sie brennen in dieser Erwartung. Außer dem Sonntag feiern sie deshalb kein Fest. Doch weil sie den Göttern und Cäsaren nicht opfern, nicht einmal eine popelige Hand voll Weihrauch, werden sie bald rings um das Mittelmeer als Atheisten beschimpft und als Spielverderber scheel angesehen. Es ist ihnen gleich. Denn sie verstehen sich selbst als das neue Jerusalem auf der Erde, als Heilige Stadt, die »aus lebendigen Steinen« erbaut ist: aus Menschen eben. Deshalb gibt es an ihrem berühmten Tisch natürlich auch schon von Anfang an Verrat und Lüge, Intrige und Täuschung, die ganze Bandbreite des Menschlichen. Es ist ein Ort beständiger Streitigkeiten.

Von Generation zu Generation steigert sich die Spannung zwischen den Patriarchaten, die sich mit ihrer jeweiligen Tradition auf die verschiedenen Apostel berufen. All das hemmt ihr Wachstum nicht. Als das Römische Reich an seinen Krisen nach und nach zu zerbrechen droht, bildet der Verbund dieser jüdisch-christlichen Gemeinschaften das letzte funktionierende Kommunikationswesen von Spanien bis Syrien.

Seit Neros Zeiten begleiten sie immer wieder mal kleinere oder größere Pogrome. Systematisch verfolgt werden sie erst ziemlich spät, am härtesten in den Jahren 301 und 305. Aber auch in dieser Zeit bleibt das für alle Welt auffälligste Kennzeichen der Christen, daß sie sagen: »Kein Lebender darf als Heiliger verehrt werden! Kein Mensch, und sei er auch noch so göttlich, noch so strahlend, noch so mächtig oder noch so gütig, weise et cetera, und sei es auch der Kaiser selbst, wird von uns mehr angebetet!« Nicht alle, aber doch die besten unter ihnen sagen es immer wieder. Dafür sind sie zu vielen Tausenden gestorben, vor allem in Ägypten und Afrika, in den Arenen, am Kreuz, in ungelöschtem Kalk, unter jedem Marterwerkzeug, weil sie sich in dieser Frage nicht beugen wollten. Ihre inneren Zwistigkeiten hat aber auch dieser Wagemut und haben alle tödlichen Bedrohungen nicht mindern können. Im Jahr 313, als der römische Kaiser Konstantin Kultusfreiheit für alle verkündet, sind sie unter sich schon heillos zerstritten, wobei die Frage, an welchem Datum das Oster- und Pfingstfest gefeiert werden soll, nur eine von Hunderten ist.

All diese Fragen führen schließlich in die erste Beletage des europäischen Hauses, nach Nicaea in der heutigen Türkei, wo der Ort Iznik heißt. Dort angekommen, schweift unser Blick über einen weiten Marmorplatz, über dem sich ein sommerlicher Morgenhimmel wölbt. Männer mit Packeseln treiben ihre Tiere zum Wasser, unten am Quai werden leichte Segler entladen. Auf dem Platz aber ist es schwarz vor Menschen. Man kann sich kaum bewegen, solch ein Gedränge herrscht um uns herum. Plötzlich versperrt eine Kette aus römischen Speerträgern und Legionären mit dem Schwert in der Faust jedes weitere Vorwärtskommen. Eine endlose Prozession bewegt sich hinter ihnen an dem Theater entlang auf die breite Freitreppe zu, die am Ende des Platzes zu einem Palast hochführt. Das kaiserliche Emblem schmückt den säulengeschmückten Eingang.

Nicaea, August 325

Die junge Christenheit berauscht sich zusammen mit Kaiser Konstantin.

Im Innern der Palasthalle sind alle Bischöfe der jungen Christenheit aus allen Provinzen des Reiches auf kostbar bestickten Sitzkissen versammelt. Schweigen erfüllt den Raum, bis sich auf ein Hornsignal alle erheben und vor einem Mann verneigen, der nun den Saal betritt. Es ist Kaiser Konstantin, den sie bald »den Großen« nennen werden. Sein Gewand glänzt und blitzt wie ein Sprühregen im Morgenlicht; er ist in Purpur gehüllt, überdeckt mit Gold und tausend Edelsteinen. An der Stirnseite des Saales wendet er sich um, schaut den nächststehenden Bischof an und setzt sich auf dessen Nicken, dann lassen sich alle Bischöfe an den Tischen nieder.

Sogleich eilt eine Heerschar von Bediensteten durch die Seitentüren, die Schalen mit Speisen und Karaffen voller Wein in den Saal tragen. Musikanten spielen auf. Der Abschluß des ersten Konzils der neuen Kirche Christi wird gefeiert. Der Kaiser hatte es hierher nach Nicaea einberufen, und nun beendet er es mit diesem Bankett. Er liegt dort, mit Bischöfen an seinem Tisch und auf Kissen und Polstern zu seiner Seite, die heute alle miteinander wie betrunken wirken und ihre Pokale auf ihn heben.

Kann das himmlische Hochzeitsmahl schöner sein? Die Frage stellen sich viele im Saal. »Man könnte glauben«, flüstert am Tisch Cäsars Eusebius, ein palästinensischer Bischof, seinem Nachbarn ins Ohr, »all dies sei eine phantastische Vision vom Reich Christi, ein Traum und nicht Wirklichkeit.« Immer mehr Gespräche kreisen um diesen Traum, je länger das Festmahl dauert. Übertrifft dieser Tag in diesem hellerleuchteten

Festsaal nicht wahrhaftig die kühnsten Erwartungen aller Christen? Sind jetzt nicht endlich alle eins? Sogar der Herrscher des Erdkreises ist mit ihnen. Liegen sie hier nicht alle wie die Apostel mit dem Herrn im Abendmahlsaal mit dem römischen Kaiser zusammen? Wein und Freude röten die Gesichter.

Der unglaubliche Tag findet nur wenige Jahre nach der schärfsten und grausamsten Christenverfolgung statt. Vor zwölf Jahren hatte dieser Kaiser dann die Verfolgten zur bevorzugten Minderheit des ganzen Imperiums erhoben. Kein Christ liegt mehr in Ketten. Alle Schikanen gehören der Vergangenheit an. Plötzlich genießen die Christen die vollständige Gleichstellung mit den anderen Bürgern des Weltreichs. Zwei Jahre später hatte der Kaiser die Kreuzesstrafe abgeschafft, im Jahr 318 das jüdische Kindstötungsverbot zum Gesetz des römischen Weltreiches erhoben. Eine verschwindend geringe Minderheit hatte das heidnische Weltreich in seinem Herzen besiegt. Es ist ein Quantensprung der Geschichte.

Und jetzt hat er persönlich alle Bischöfe nach Nicaea an der kleinasiatischen Küste eingeladen, mitsamt ihrem unübersehbaren Gefolge an Priestern, Diakonen und Akolythen, deren freie Kost und Logis er Tag für Tag garantiert. An nichts sollte es fehlen. Er stellte ihnen die Lasttiere und Freipassagen auf den Postschiffen und rief zu Beginn des Konzils als erstes Bischof Paphnutius aus Ägypten, dem man in der Verfolgung ein Auge ausgestochen hatte, zu sich in seinen Palast, um ihn vor all seinen Würdenträgern auf die leere Augenhöhle zu küssen.

In den letzten zehn Jahren wurden in seinem Auftrag in Rom, Jerusalem, Bethlehem und Trier Basiliken errichtet, riesige Tempel. In die Stirnseite seines Diadems und in das Zaumzeug seines Pferdes ist ein Nagel vom Kreuz Christi eingearbeitet. Und im letzten Herbst ließ er in Rom direkt neben seinem Palast als ersten christlichen Prachtbau die Lateranbasilika einweihen. Erstmals ist hier in der Apsis auch ein Mosaikbild Jesu mit Bart zu sehen. In den Jahrhunderten zuvor hatten sich die römischen Christen den Messias in den vielen

Katakomben der Hauptstadt schon nicht mehr wie einen jüdischen Wanderprediger vorgestellt, sondern meist als einen bartlosen Philosophen im Kreis seiner Schüler oder als jungen Hirten, als eine Art Orpheus. Nicht weit von hier, an der Meerenge, läßt der neue Kaiser das alte Byzantion am Bosporus gerade zu einer Hauptstadt umbauen, zu einem neuen Jerusalem und zweiten Rom, in dem alles viel prächtiger werden soll: Konstantinopolis wird er diese Stadt nach sich selbst benennen.

Das Konzil, dessen glücklicher Ausgang die Bischöfe gerade in Taumel versetzt, hatte er einberufen, damit die Christen ihm helfen, das zerfallende Reich zusammenzuhalten. Das kann er nur von einer einigen, nicht von einer zerrissenen Kirche erwarten. Auf dieser ökumenischen Synode hat er, der Alleinherrscher des römischen Imperiums, die zerstrittene Christenheit zusammengerufen und ihr die Einheit aufgezwungen.

Er selbst ist noch nicht getauft, doch seine Mutter Helena wird schon fast als Heilige verehrt. Die Christen sind, obwohl sie immer noch keine zehn Prozent der Bevölkerung seines Reiches ausmachen, seine Leidenschaft geworden. Ihnen wird die Zukunft gehören, und er will ihnen den Weg dahin ebnen. Darum hat er ihnen jetzt das erste einheitliche Credo abverlangt, das von Damaskus bis Córdoba gültig sein soll. Er hat ihren Streit geschlichtet, hat den Frieden neu gestiftet, er und nicht die Patriarchen unter ihnen. *Ein* Glaube muß unter ihnen herrschen. Ja, er hat ihnen diesen einen Glauben aufgezwungen. Wie sollten sie ihm bei seinem Einigungswerk helfen können, wenn sie selbst schriftgelehrter Lappalien wegen uneins sind? Damit soll jetzt für alle Zeiten Schluß sein. »Mitknecht« unter dem »köstlichen Blumenkranz« der geweihten Bischöfe nennt er sich bescheiden. Das christliche ABC beherrscht er schon perfekt.

»Retter der Christenheit«, »der Apostelgleiche« oder »der dreizehnte Apostel« sind nur drei der Ehrentitel, mit denen deshalb nun hier von Tisch zu Tisch die Becher auf diesen Kaiser gehoben werden, dessen Vorgänger der Kirche viele Märtyrer beschert hatten und sich noch so frevelhaft selbst vergöttlichen und verehren ließen. Ja, Gott hat ihn offensichtlich berufen, die Kirche Gottes wie einen Gürtel als Band um die weltumspannende Monarchie seiner Herrschaft zu legen.

Wird die Bischofskirche dadurch denn nicht eine Kaiserkirche? Muß sich jetzt nicht ihr Wesen verändern? Warum nicht, wird den letzten Zweiflern rasch geantwortet, jetzt, da der Kaiser selbst vor ihrem Gott und Erlöser in die Knie gegangen war? Wenn die Bischofskirche voller Zwietracht war und die Kaiserkirche einig und friedlich zu werden verspricht, was ist dagegen einzuwenden? Diesen König hat Gott jedenfalls selbst über sie eingesetzt. Gott sei darum auch Dank für solche Herrschaft! Und überhaupt, müssen die Verfolgungen denn nicht endlich ein Ende haben? Hatte die Müdigkeit unter ihnen nicht schon fast Oberhand gewonnen? Und der Streit, und die Zwietracht, und jede denkbare Form der Ketzerei?

Wenn nun nicht mehr die Löwen in der Arena, sondern eine Karriere beim Staat die Menschen in die Kirche lockt, was soll daran schlecht sein? Es ist doch die Kirche Christi!

Genug der Argumente. Wie sonst, wenn nicht wie diese Stunde, soll denn jener Moment ausschauen, wo sich nach dem Seher Johannes die Heilige Stadt vom Himmel auf die Erde herabsenkt? Was hätte Besseres geschehen können? Wann je zuvor haben Juden, Heiden und Christen solches schauen dürfen? Nein, kein Zweifel, hier ist endlich wahr geworden, was die Propheten seit Ezechiel gesehen und besungen haben, hier in Nicaea. Es ist ein riesiger Triumphbogen, in den dieser Festsaal mündet, größer und gewaltiger als alles, was wir später in Rom, Paris oder London kennenlernen werden. Hinter diesem Bogen muß jedenfalls, wer die Geschichte Europas verstehen will, für viele Jahrhunderte die Geschichte der Heiligen mindestens ebenso intensiv studieren wie alle Sagen und Legenden über Könige und Kaiser dieses Erdteils. Und hinter diesem Triumphbogen kommt den Herrschern schon bald eine andere, unerhört neue Sprache zu Ohren.

Mailand, Mai 390

Ein Bischof verwehrt dem Kaiser den Eintritt in seine Kirche.

Wir stehen vor einem großen verschlossenen Tor, offensichtlich einer Kirchentür. Vor diesem Tor verwehrt gerade ein bärtiger Bischof einem kaiserlichen Nachfolger Konstantins mit erhobenen Händen den Eintritt in das Gotteshaus. Darf das wahr sein? Beim Nähertreten sehen wir: Das Ganze ist nur ein Gemälde, das der flämische Malerfürst Peter Paul Rubens gut zwölf Jahrhunderte später für die Privaträume der »apostolischen Majestäten« Habsburgs in Wien im Rückblick in unsere Geschichte gemalt hat. Das Bild ist eine gemalte Erinnerung.

Der Bischof auf dem Bild heißt Ambrosius, der Kaiser Theodosius, auch er »der Große« genannt; beide leben am Ende des konstantinischen Jahrhunderts. Wir schreiben das Jahr 390 und befinden uns in Mailand. Natürlich hatte sich für Konstantin und seine Nachfolger schon bald als Trugschluß erwiesen, was sie sich von der Bevorzugung der Christen versprochen hatten. Die Kirche vermochte das auseinanderfallende Reich nicht zusammenzuhalten. Und auch die Streitigkeiten der Christen untereinander hatten mit dem ersten Konzil beileibe kein Ende. Ein zweites Konzil war noch im gleichen Jahrhundert nötig, ein drittes und viertes im nächsten, um der Irrlehren unter ihnen Herr zu werden.

Das Reich kann dem Druck der beginnenden Völkerwanderung kaum noch standhalten, auch nicht mit drei Hauptstädten und Machtzentren – in Konstantinopel, Mailand und Trier. Mehrmals werden zwei oder drei Kaiser notwendig, um den Koloß überhaupt regieren zu können. Theodosius gelang es, mit den Westgoten Frieden zu schließen, aber er mußte sie innerhalb der Reichsgrenzen siedeln lassen. Im Jahr 380 erließ er ein Edikt, welches das Glaubensbekenntnis von Nicaea zum Pflichtbekenntnis all seiner Untertanen macht; am Ende des Jahrhunderts der blutigsten Christenverfolgungen ist die Kirche verbindliche Staatsreligion des gesamten Reiches geworden.

Jeder Bürger des Römischen Reiches gehört jetzt automatisch zum Volk Gottes. 392 wird Theodosius jeden heidnischen Kult verbieten und ein Jahr später das Weltwunder des Zeustempels in Olympia in Brand setzen, dessen Trümmerfeld danach für Jahrhunderte im Unterholz des heiligen Hains versinken wird. Es wird auch das Jahr der letzten Olympiade sein, zu der noch einmal siebzigtausend Besucher aus aller Welt kommen werden. Drei Jahre vorher hatte sich in Thessaloniki ein Aufstand gegen die römische Besatzung erhoben. Und gegen den dringenden Rat seines bischöflichen Freundes Ambrosius hatte sich der Kaiser für diesen Tumult furchtbar an der Stadt gerächt: Siebentausend Bürger hatte er in einem Massaker im Circus der nordgriechischen Stadt umbringen lassen. Danach schrieb Ambrosius Theodosius einen Brief, wie ihn noch kein Kaiser bekommen hat.

In Trier als Sohn des römischen Präfekten von Gallien geboren, aus ältestem Patriziergeschlecht, war Ambrosius in den Schriften Ciceros ebenso belesen wie in der Bibel und hatte eine glänzende Karriere als Staatsbeamter vor sich, als er 374 mit vierunddreißig Jahren, noch vor seiner Taufe, zum Bischof von Mailand gewählt wurde. Die Karriere beim Staat war damit nicht beendet; er wurde Berater des Kaisers und Erzieher der kaiserlichen Söhne. »Überhebe dich nicht«, hatte er der Mutter des Kaisers wie ein Revolutionär entgegengehalten, als sie von ihm eine Kirche für ihre Freunde verlangte, »daß du glaubst, deine kaiserliche Gewalt erstrecke sich auf die göttliche Angelegenheit der Kirche. Die Paläste gehören dem Kaiser, die Kirchen dem Priester.«

Und Kaiser Theodosius schreibt er: »Seitdem Menschen

denken können, ist so etwas nicht vorgekommen, und ich konnte nur hilflos zusehen. Wie oft habe ich um Gnade gebeten, habe vorausgesagt, daß etwas Fürchterliches folgen könne. Doch wie auch immer: Jetzt ist hier Buße vor Gott notwendig. Oder schämt Ihr Euch, Kaiser, das zu tun, was David, der prophetische König und leibliche Ahnherr unseres Herrn, getan hat, nachdem er gesündigt hatte. Dies schreibe ich nicht, um Euch zu beschämen, sondern um Euch an dem Vorbild heiliger Könige Mut zu machen, den Schandfleck von Eurer Kaiserwürde wieder abzuwaschen. Ihr werdet ihn abwaschen durch herzliche Demütigung vor Gott. Gewiß bin ich Eurer frommen Majestät Schuldner, und Undank ist nicht meine Sache. Aber ich sage es schon jetzt und mit Furcht: Ich wage nicht, das Meßopfer darzubringen, wenn Ihr daran teilnehmt. Wenn das schon nicht ginge nach dem Mord an einem einzigen, unschuldigen Menschen, darf man es dann nach dem Mord an Tausenden? Ich sage: Nein!« Seit den Propheten Israles ist keine Gewalt der Erde je so vor einem Herrscher aufgetreten. Ambrosius erklärt sogar, den Kaiser aus der Kirche auszuschließen, wenn er nicht Buße tue. »Der Kaiser steht innerhalb der Kirche«, erklärt er lakonisch, »nicht über ihr!« Und was tut Theodosius? Er nimmt die Buße an und bereut öffentlich seine Sünden. Erst danach erlaubt Ambrosius ihm, wieder in der Basilika Platz zu nehmen.

Vier Jahre später vereinigt Theodosius nach einem Sieg über den Weströmer Eugenius ein letztes Mal das ganze römische Weltreich. Ein Jahr später stirbt er. Ambrosius hält ihm eine ergreifende Totenrede: »Dieser Kaiser warf den Glanz seiner Krone von sich und beweinte öffentlich seine Sünden. Unter Tränen und Seufzern erflehte er in der Kirche die göttliche Vergebung. Ich habe diesen Mann sehr geliebt.« Er selbst stirbt nur zwei Jahre später und wird als der erste Kirchenlehrer des Westens in die Geschichte eingehen, deren Zeiträume nach ihm für gut sechs Jahrhunderte mehr von Bischöfen geformt werden als von irgend jemand anderem.

»Nicht kaiserlich ist es«, lesen wir in einem anderen seiner Briefe an den Kaiser, »die Freiheit der Rede zu versagen, und nicht priesterlich, die eigene Meinung zu verschweigen. Denn nichts macht Euch, Kaiser, so volkstümlich und liebenswert, als daß Ihr die Freiheit liebt.« Mit diesem Geist ist die Kirche zur geschichtsmächtigsten Kraft des Abendlands geworden, zu dem damals Spanien, Gallien und große Teile Germaniens genauso gehören wie Ägypten. Aus Ägypten, dem theologischen Siedeherd der jungen Christenheit, hatte in den Jahren zuvor der Einsiedler Antonius, der »Stern der Wüste«, aus der Höhle des von ihm besiedelten Felsengrabes heraus einen regen Briefwechsel mit Kaiser Konstantin in die Hauptstadt unterhalten. Die Wirkung dieses dunkelhäutigen Fellachensohns wird sich im Laufe von Jahrhunderten über ganz Europa hinweg entfalten.

Ja, das Mittelmeer ist damals wirklich noch ein Binnensee unseres Erdteils, ein Fischteich und Springbrunnen inmitten Europas, an dessen südlichem Ufer wir nun einem bartlosen alten Mann begegnen, der sinnend aus einem Fenster schaut.

Hippo Regius, Februar 430

Augustinus verlagert die Stadt Gottes ans Ende der Zeiten.

Der Mann in einer weißen Wolltunika blickt über die Wellen unterhalb der Stadt. Er ist sechsundsiebzig Jahre alt und ein Bewunderer von Antonius, und Ambrosius verehrt er als »einen der besten Männer, die je auf der Erde wandelten«. Ähnliches wird bald auch über ihn, Augustinus Aurelius, gesagt werden.

Die Stadt ist belagert. Vor den Mauern bereiten sich die Vandalen Geiserichs auf den Sturm vor. Dahinten an der Küste hat er vor vielen Jahren in Karthago studiert, in der größten Stadt Afrikas. Cicero und Platon kennt Augustinus seit dieser Zeit in großen Teilen Wort für Wort. Jenseits des Wassers hatte er bis 389 in Rom und Mailand, wo er Bischof Ambrosius begegnete, Rhetorik gelehrt. Dessen Gesang hatte ihn fast noch mehr fasziniert als dessen Predigten. Ambrosius hatte ihn mit eigener Hand getauft. Zehn Jahre später, kurz vor der Jahrhundertwende, wurde er dann selber Bischof. Ein besserer Meisterschüler ist kaum einem anderen Lehrer jemals gegönnt worden als Ambrosius mit diesem »doctor gratiae«, der zu einem »Genie des Herzens« wurde.

Diesen Titel hat er sich mit seinen »Bekenntnissen« erworben, der wohl berühmtesten Biographie der Literaturgeschichte, die über den verschlungenen Weg berichtet, der ihn von einem ausschweifenden Leben auf den Bischofssitz seiner Heimat in der nordafrikanischen Hafenstadt Hippo geführt hat. Hier lebt er nun schon seit Jahren mit zwölf Mitpriestern zusammen, die die erste Zelle jener ordensähnlichen Gemeinschaft bilden, der gut tausend Jahre später auch ein gewisser Dr. Martin Luther jenseits des nördlichen Limes entwachsen wird.

In den letzten dreißig Jahren ist Augustinus zum größten Lehrer des Westens geworden. Es ist seine Zeit, in die der Untergang des römischen Weltreiches fällt. Er hat erlebt, wie das Reich zusammen mit der eben erst befreiten Kirche – in der Erbfolge der Söhne des Theodosius – im Jahr 395 in zwei Teile auseinanderbrach. Vor zwanzig Jahren hat er gesehen, wie Rom von den Westgoten Alarichs erobert wurde. Kein Bollwerk ist im abendländischen Teil des alten Imperiums mehr stark genug, als daß es den Stürmen der Barbaren standhalten könnte, weder in Italien, Gallien, Spanien noch in Afrika. Auf dieser südlichen Seite des Mittelmeeres taumelt Westrom seinem Untergang entgegen. Und in Ostrom ist die Kirche schon hundert Jahre nach Nicaea zur Geliebten des Kaisers geworden, manche sagen, zur Sklavin. Die Jahre sind chaotisch. Augustinus blättert in den Papyri, die er in vielen Jahren beschrieben hat. Allein die neue »Stadt Gottes ist die wahre Verehrung Gottes«, lesen wir, als wir ihm über die Schulter sehen.

Der Verehrer Ciceros hat in acht Kapiteln eine Regel klösterlichen Zusammenlebens nach philosophisch-christlichen Idealen entworfen, die beispielhaft für Europa werden wird. Auf der Grundlage der Bibel sollen nach dieser Vorgabe untereinander gleichberechtigte, ledige Laien aus Gottesliebe zuerst nach der Wahrheit und darüber zur Gemeinschaft streben – da nur die Wahrheit, wie er von Plotin weiß, wirkliche Brüderlichkeit stifte. Es kamen noch viele Gründe hinzu, den Mann aus Hippo als den eigentlichen Vater des abendländischen Mönchtums zu betrachten. Denn daß das Reich der Cäsaren nicht die Heilige Stadt Gottes sein kann, wie es Eusebius am Tisch Konstantins noch glauben mochte, ist Augustinus inzwischen ganz und gar offenbar geworden.

Die Ränkespiele vieler Bischöfe an den Höfen in Ost und West schreien zum Himmel. Viele der neuen Karrierechristen sind nach der Heirat der Kirche mit der Staatsgewalt mörderisch wie zuvor geblieben und treulos, verlogen, intrigant oder unzüchtig. Weder das oströmische noch das weströmische

Reich, kein Imperium gleicht der verheißenen himmlischen Stadt.

Er hat erlebt, wie schon in der zweiten Generation nach Konstantin die Urkirche und die frühe Kirche und die Kirche der Katakomben unter dem Druck der menschlichen Wirklichkeit zum Gegenstand der bizarrsten Verklärungen geworden ist, jene Zeit also, in der die Wiederkunft des Messias noch so gut wie jede Woche erwartet wurde. Nein, damals waren die Verheißungen nicht in Erfüllung gegangen, weiß er heute, am Tisch der Cäsaren nicht und heute nicht.

Sogar den Ursprung der himmlischen Stadt verlegt Augustinus deshalb nicht mehr nach Jerusalem oder in die apostolische Zeit, sondern überhaupt vor alle Zeit, ins Paradies. Und ihre Vollendung sieht er jetzt endgültig erst am Ende der Geschichte, wo er die »Gottesstadt der Liebenden« wie auf einem fernen Berg erblickt. Zweiundzwanzig Jahre hat er an den zweiundzwanzig Büchern dieser Schrift gearbeitet. Jetzt beendet er das Werk, das er »De Civitate Dei« nennt, »Über den Gottesstaat«. »Am sechsten Tag leben wir jetzt. Am siebten Tag werden wir endlich selbst sein«, schreibt er auf die letzte Seite.

Mit diesem Werk bestimmt Augustinus unsere Geschichte noch einmal neu, streckt sie aus zwischen dem Anfang und dem Ende der Welt. Womöglich hat kein Gedanke danach die Vorstellung vom Lauf der Welt noch einmal so sehr verändert. Denn mit ihm pflanzt er das jüdische Geschichtsdenken der Bibel der Geschichte Europas gleichsam ins Mark. Mit diesem Weltbild hat er uns vom Karussell der ewigen Wiederkehr geworfen; alle heidnischen Völker der Antike hatten bis dahin die Geschichte als Kreislauf begriffen. Wie Israel weiter auf den Messias wartet, so drängt Europa von nun an der »Civitas Dei« und der Wiederkunft des Messias entgegen – in einer zielgerichteten Heilsgeschichte, auf die ein glückliches Ende wartet. So, wie wir denken: daß es immer weiter, vorwärts und aufwärts, geht, oder umgekehrt: daß viele heute an ein unglückliches Ende, an eine letzte Katastrophe glauben – das haben wir im wesentlichen von Augustinus. Von ihm haben wir unseren Glauben an den Sinn ständiger Umwälzungen. Die Dynamik des Westens, seine rätselhafte Unruhe, verdanken wir zu einem großen Teil ihm. Nirgendwo sonst auf dieser Erde geht die Geschichte danach ungeduldiger weiter.

So gilt seitdem im Westen Opposition und Kritik an den Verhältnissen und der Staatsgewalt nicht mehr als gotteslästerlich – wie im Osten, wo seit Konstantin das Ideal einer »heiligen«, »symphonischen«, das heißt oppositionslosen Einheit von Kirche und Staat zum Mark der Geschichte geworden war und bis heute geblieben ist. Für die lateinische Welt wird eine solche Einheit nach Augustinus prinzipiell undenkbar.

Während wir jetzt noch einmal dem Blick des Augustinus folgen, können wir von hier oben über den Belagerungsring hinweg in der Ferne auch schon das Panorama der Völkerwanderung erkennen, in dem Westrom endgültig untergehen wird. Wir sehen, wie das letzte römische »Kaiserchen« erschlagen wird. Sehen, wie danach von dem tausendjährigen Imperium im Westen allein die Kirche übrigbleibt, als Witwe sozusagen, jetzt wieder ohne Staat, ohne Herrscher an ihrer Seite, ohne Macht.

Barbaren verwüsten Italien und die Provinzen. In den Apenninen essen die Menschen Eicheln, Brennesseln, Hunde und Ratten. Könige saufen auf ihren Siegesfeiern aus den Hirnschalen ihrer Feinde. Unsere Geschichte ist ein Niemandsland, die alte Zivilisation ein Trümmerfeld, aus dem sich nun am Ufer der Adria ein kleiner schlichter Ziegelbau vor unseren Augen erhebt, in dem in diesen Tagen eine rätselhafte Zuversicht die Zeiten überdauert. Es ist so dunkel hinter dem Eingang des kreuzförmigen Hauses, daß wir fast nichts erkennen, als wir vorsichtig in den kleinen Vorbau eintreten.

Ravenna, November 450

Ein Mosaikhimmel aus den Tagen der Völkerwanderung.

Erst nach einigen Minuten haben unsere Augen sich an das Dämmerlicht gewöhnt, das dieser Kreuzkammer durch wenige schmale Alabasterfenster von außen zuteil wird. Da draußen befindet sich eine wahre Galerie der beeindruckendsten Dome und Basiliken des frühen Europas, funkelnd im Glanz ihrer unvergänglichen Mosaikverkleidungen, deren Bilder viele Lexikonseiten füllen. Nicht so dieser kleine Bau, der das älteste Schmuckstück Ravennas ist.

Galla Placidia, die Tochter des großen Theodosius, hat es für sich als Mausoleum errichten lassen. Sie hatte die Frau des Westgoten Athaulfs werden müssen, des Nachfolgers Alarichs, der Geißel Roms. Hier wollte sie zur Ruhe kommen. Das römische Weltreich ist zerbrochen, und die Stadt Rom hat die ersten Stürme der Barbaren schon hinter sich. Die Zeit der Verarmung, der Verödung und des Zerfalls hat begonnen.

Zwei Hirsche sind an einer Wand zu sehen, an frischem Wasser, an dem sie sich letzen. Gegenüber ein bartloser Jüngling als guter Hirt, der in bukolischer Landschaft seine Lämmer kost. Auch die Decke ist wie der ganze Innenraum über und über mit Mosaiken verkleidet, sehr schön, ein blauer Himmel mit Sternen über Sternen. Zur Hälfte zeigen die Sterne den Grundriß einer offenen, kreuzgeschmückten Stadt – unzählige heilige Städte mitten in der Völkerwanderung.

Hier hat sich die himmlische Stadt in einer abenteuerlichen Vision in einem funkelnden Mosaik um ein Vielfaches multipliziert. War unsere Geschichte wirklich je ein Niemandsland, die alte Zivilisation ein Trümmerfeld?

Als wir uns draußen vor der Tür wieder ans Tageslicht gewöhnt haben, können wir im Süden in der Mittagssonne einen Hügel erkennen. Wir sehen zwölf Männer empor steigen. Sie tragen eine Tür auf ihren Schultern, darauf einen in weiße Tücher gewickelten Leichnam. In einem kleinen umschlossenen Paradiesgarten vor einer Grube unterhalb eines Rosmarinbusches halten sie an. Es ist der 21. März des Jahres 550, Gründonnerstag – ein wahrer Frühlingsanfang.

Monte Cassino, März 550

Benedikt, ein Lehrer Europas, wird begraben.

Rund hundertfünfzig Männer in grobem Gewand folgen singend der Bahre. An der Grube gibt es keine Trauerrede, stattdessen wird das Evangelium vom letzten Abendmahl Christi verlesen. Der Tote hat die Stunde seines Todes vorausgesehen und sie als ein neuer Moses der Christenheit stehend und betend erwartet, gestützt von zwei Freunden.

Mit diesem Toten verschwindet sein Name für zwei Generationen aus allen Quellen. Nicht einmal einen Mantel und auch sonst nichts Eigenes hat er hinterlassen – nur eine neue Regel, bestehend aus dreiundsiebzig Absätzen, »von erhabener und menschlicher Weisheit, anwendbar in allen Zeiten und in allen Ländern«. Es wird Jahrzehnte dauern, bis uns in einer ersten Biographie ein später Schüler davon berichten wird, der auch erstmals seinen Namen nennt: Benedikt von Nursia. Durch diesen wird das geregelte Leben in Europa eingeführt, der gegliederte Alltag, eingeteilt nach der Gliederung der Weltzeit durch Augustinus – eine völlig neue Zivilisation.

Die Brüder an seinem Grab aber ahnen noch nicht, welch unschätzbaren Wert er ihnen mit der Hausregel ihrer Lebensgemeinschaft hinterlassen hat. Ein Jahr vor Benedikts Tod war in Athen die heidnische Akademie geschlossen worden, die Platon rund neunhundert Jahre zuvor gegründet hatte. Nur der Regel Benedikts ist es zu danken, daß die besten Elemente der heidnischen Zivilisation des Altertums als tragendes Gerüst des christlichen europäischen Hauses erhalten wurden. Bald werden nach Maßgabe dieser Regel die Werke der antiken Philosophen in Mönchszellen abgeschrieben werden.

Benedikts Regel ist längst nicht die erste solcher Verfügungen; es gibt schon viele, und ihre wichtigsten Teile stammen meist von Augustinus. Eine entscheidende Vorläuferregel wird später »Magisterregel« genannt. In ihr ist in einem komplizierten Dialog zwischen Lehrer und Schüler vom Kloster als einer »heiligen Schule« die Rede, deren Unterricht alle Kinder Gottes bedürfen, um vollwertige Bürger der Stadt Gottes zu werden. Tatsächlich werden die Klöster von da an zur Bildungsanstalt Europas. Grundsätzlich alle Mönche lernen hier lesen und schreiben, in einer Hochachtung des Wortes, wie sie sonst nur noch das Judentum kennt. In diesen Häusern befreit sich die abendländische Christenheit weitgehend von der Vorläuferbewegung der Eremiten, was in nichts einen sprechenderen Ausdruck findet als in den gemeinsamen Schlafsälen, welche die Einzelzellen für eine Weile ablösen. Nie zuvor ist das Gemeinschaftsleben so sehr als Hochform der Nachfolge Christi und zur Vorbereitung für das hochzeitliche Mahl im Himmel betont und besungen worden.

Benedikts Klosterregel ist nicht die erste seinesgleichen, doch er hat sie auf einen unüberbietbar einfachen Punkt hin verdichtet: Bete und arbeite! »Ora et labora«, in dieser Reihenfolge, in dieser Unterordnung der Arbeit unter das Gebet – eine kristallene Hierarchie der Werte. Alle arbeiten, und selbstverständlich arbeitet auch der Abt. Doch nach einem Psalm Israels, in dem es heißt: »Siebenmal am Tag singe ich dein Lob wegen Deiner gerechten Entscheide«, werden die Tage nun durch sieben Gebetszeiten gegliedert. Der Psalter wird zum großen Lehrbuch Europas. Seit damals beginnen in Europa alle Tage mit dem Gebetsruf Israels: »O Gott, komm mir zu Hilfe! Herr, eile, mir zu helfen!« Bis heute beginnen seitdem alle Mönche Europas jeden Tag in der Frühe mit dem Ruf: »Gepriesen sei der Herr, der Gott Israels!« – auch in den Tagen, da die Öfen von Auschwitz glühen.

Schließlich macht noch etwas diese Regel einzigartig im Unterschied zu allen anderen gesellschaftlichen Verfassungen der damaligen Zeit. Nach Benedikt muß der Abt der Klöster gewählt werden, und er muß immer wieder einen Rat der Brüder einberufen, zu dessen sorgfältiger Anhörung er verpflichtet ist. Dieses benediktinische Wahlprinzip ist ein demokratisches Element in der ständisch geordneten Welt von der Spätantike bis zur Neuzeit – ein hartnäckiger Stachel im Fleisch aller europäischen Reiche und Staaten.

Die Gründung eines Ordens allerdings hatte Benedikt von Nursia selbst wohl kaum im Sinn. Aber schon bald wird in einer Unzahl neuer Klöster von Bangor bei Belfast bis Emmeram bei Regensburg nach seiner goldenen Regel gelebt. Zur Urkirche, das wissen sie, führt kein Weg zurück. Darum vertäuen sie die Christenheit von nun an wie ein Schiff an ihren Klöstern. Der antike Widerspruch zwischen körperlicher und geistiger Arbeit ist bei ihnen für eine lange Zeit überwunden. Der Pflug ist ihnen so heilig wie die Feder. Von jetzt an schaffen Mönche Oasen der Kultur in einer Wüstenlandschaft der Barbarei. Sie besitzen alles gemeinsam. Zur größeren Ehre Gottes legen diese Kommunisten Sümpfe trocken, machen Ödland urbar und unterrichten die Kinder der Barbaren.

Mönche bewirten ganze Landstriche mit Würsten, Wein und Bier. Die »heiligen Berge« Bayerns werden im Laufe der Zeit für ihre Brauereien berühmt. Mönche lehren Europa die Veredelung der Reben, das Winzermesser hängt an ihrem Gürtel. Oberbayern ist eine Klosterlandschaft, wie die Ile de France und Österreich und viele andere der fruchtbarsten Landstriche Europas. »Terra benedictina terra benedicta est«, heißt es schon bald – benediktinisches Land ist gesegnetes Land. Kein Adliger lebt hier so gut wie diese Mönche. Keiner hört schönere Gesänge, keiner ist belesener. Kein Staat, sondern diese Kirche der Klöster hat in weiten Teilen Alteuropas ohne einen Schwertstreich die Gesellschaft neu begründet. Unser Reichtum ruht auf Benedikts Leistung, unsere Kontinuität verdanken wir einem einzigen Menschen, den seine Mitbrüder vor unseren Augen zu Grabe tragen. Die noch kleinen

Gebäude über dem Paradiesgarten auf dem Hügel werden wachsen und immer wieder zerstört und neu aufgebaut werden.

Zerstört wird dieses Mutterkloster zuerst von den Langobarden im Jahr 577 und zuletzt von der vierten indischen und neuseeländischen Division der fünften britischen Armee, verstärkt durch ein brasilianisches Expeditionskorps, französische, polnische und italienische Einheiten sowie eine jüdische Brigade, die hier fünf Monate lang im Frühjahr 1944 die zehnte deutsche Armee Hitlers berennen, die ihnen von den Mauern des Klosters aus den Weg nach Rom versperrt.

Rom, März 494, Reims, Dezember 497, und Saint-Coulomb, Juni 590

Papst Gelasius schreibt an Kaiser Anastasius I., Remigius tauft den merowingischen König Chlodwig, und in Gallien geht der Ire Columban an Land.

Es ist von hier nicht mehr weit bis zur alten Hauptstadt des Erdkreises, wo der Bischof bei den Gräbern der Apostel Petrus und Paulus wohnt. Alles wirkt ärmlich. Die Gunst der Herrscher, der Glanz des Goldes, das alte Zeremoniell – alles ist vergangen. In einem schlichten Gemach steht Bischof Gelasius über sein Pult gebeugt. Er schreibt gerade einen Brief nach Byzanz, in dem er den oströmischen Kaiser wissen läßt, daß er nach göttlichem Recht eigentlich ihm, dem Nachfolger Petri in Rom, untergeordnet sei. Ahnt er nicht, daß die Byzantiner nur noch ein Achselzucken für seinen Anspruch übrig haben? Es ist ein bißchen lächerlich. Das alte Reich ist untergegangen; nur die ohnmächtige Kirche ist von dem einst so herrischen römischen Imperium übriggeblieben. Aber weil es für fast zweihundert Jahre im Westen keine Großmacht mehr geben wird, entsteht mit der Zeit gerade hier, in der Kirche, jedem späteren Staat Europas eine ungeheuer selbstbewußte Opposition. Die späteren westlichen Demokratien sind undenkbar ohne den hier formulierten Anspruch und die Geschichte der Spannungen, die damit beginnt. Leise treten wir wieder ins Freie.

Wenige Jahre später hören wir gut tausend Kilometer nordwestlich eine der ersten Glocken Europas bimmeln, die aus Nordafrika ihren Weg nach Gallien gefunden hat. Es ist Weihnachten. Aber ein anderes Fest hält gerade den Ort in Atem:

Der Bischof tauft den ersten fränkischen König. Die Stadt wird deshalb später nach ihm benannt werden, nach Remigius: Reims. Gleich nach dem König tauft Remigius noch dreitausend Adlige, als Vorhut des ganzen Volkes der Franken. Es ist eine Knochenarbeit. Chrodechildis, die christliche Gattin des Königs, soll Chlodwig die Bekehrung zum mächtigeren Kriegsgott der Christen eingeflüstert haben.

Doch es ist ein riskantes Spiel, das der König treibt. Denn seine Königsherrschaft beruht allein auf seiner Abstammung von den Göttern – das merowingische »Königsheil«, die magische Macht seiner Sippe, die die Felder grünen läßt und seinen Kriegern das Kriegsglück schenkt. Genau besehen, berechtigt ihn nach dieser Taufe nichts mehr zu seiner Königswürde. Nur weil er als König regiert, bleibt er Herrscher, aber von nun an nicht mehr als Nachkomme der Götter.

Vielleicht weiß das in diesem Moment keiner besser als Bischof Remigius, der ihn tauft. Doch auch Chlodwig ist kein Dummkopf. Er hatte lange gezögert. Viele Tage und Nächte hatte er damit verbracht, den Adel für den Glaubenswechsel zu gewinnen. Ohne dessen garantierte Treue hätte er den Schritt nie gewagt. Warum der König aber eigentlich König ist, wird mit diesem Ereignis eine offene Frage.

Hundert Jahre später blicken wir auf einen Strand. Frauen und Kinder sind am Ufer zusammengelaufen. Ein Boot aus Weidengeflecht und Tierfellen wird von dreizehn lachenden Männern auf den Strand hochgezogen. Sie sehen merkwürdig aus; noch nie wurde hier so jemand gesehen: heilige Hippies und Freaks in weiße Kutten gehüllt, die Stirnseite halbmondförmig ausrasiert und mit langem Haar am Hinterkopf, das ihnen auf die Schulter fällt. Jetzt holen sie Leiern und Lyren aus dem Boot, gefüllte Ledersäcke, die sie um den Hals vor die Brust und auf den Rücken wie Mütter ihre Säuglinge hängen. Die Kinder, die sich um sie gesammelt haben, starren sie mit offenem Mund an, als sie schließlich zu singen beginnen. Ein herrlicher Chor!

In ihren Ledersäcken tragen die Männer Handschriften mit sich. Auf Latein kann man sich mit ihnen ziemlich gut verständigen. Eines ihrer schönsten Bücher ist ein Psalter, den sie jeden Tag zu einem Drittel lesen und singen – jeden Tag fünfzig Psalmen Israels. Doch sie sind nicht aus dem Heiligen Land, sondern über die Irische See und den Kanal bis hierhin an die gallische Küste zwischen der Normandie und der Bretagne gesegelt und gerudert. Es sind die ersten irischen »Peregrini« auf ihrem »Abenteuer um Christi willen«, wie sie ihre Ausfahrt von der grünen Insel nennen. Ein älterer unter ihnen ist Columban der Jüngere, neben ihm, der Rothaarige, ist Gallus. Hunderte werden ihnen noch über das Meer folgen – immer ein Mönch mit zwölf Begleitern in einem Boot. Und keiner von ihnen wird jemals nach Irland zurückkehren.

Auf dem Festland werden sie eine Reihe von Klöstern, Kirchen und Siedlungen auf ihrer Spur gründen. Columban wird die Einzelbeichte in Europa einführen – zusammen mit der Buße, die den »Schwatzhaften zum Schweigen verurteilt, den Ungestümen zur Sanftmut, den Freßsack zum Fasten, den Faulen zum Wachsein, den Hochmütigen zu Gefängnis und den Verräter zu Acht und Bann«, ein unerhörtes Instrument der kritisch befreienden Selbsterkenntnis.

In Deutschland zählen wir zu Columbans Lebenszeit hundertfünfzehn irische Heilige, in Frankreich fünfundzwanzig, in England vierundzwanzig, sechsunddreißig in Belgien, fünfundzwanzig in Schottland. Es ist ein riesiger Chor. Ihre Bibliotheken sind Schatzkammern im Haus Europa. Das Dorf Saint-Coulomb in der Bucht von St. Malo wird mit seinem Namen die Erinnerung an die folgenreiche Landung des heiligen Columban in Gallien durch die Jahrhunderte bewahren.

Die Geschichte Irlands war zu diesem Zeitpunkt schon eine Geschichte für sich im Abendland. Römische Legionäre hatte die keltische Insel nie gesehen. Da sie nie eine römische Kolonie gewesen war, hatte es hier auch keine Konstantinische Wende gegeben. Irland war aufgeteilt in Hunderte winziger

Königreiche, als die ersten Missionare aus Rom dort an Land gingen. Hier gab es keinen Oberherrscher, mit dessen Taufe die Christianisierung des Landes erledigt gewesen wäre. Hier mußten die Missionare die Sänger und Dichter überzeugen.

Die Christianisierung Irlands ab dem vierten Jahrhundert war eine einzigartige Wiederholung des Erfolgs der Urgemeinde – als eine Bekehrung von Haus zu Haus im Wettstreit mit der alten keltischen Gelehrtenelite dieser Insel. In dem ältesten gälischen Gedicht besingt Dallán Forgaill, ein keltisch-heidnischer Dichter, die Heldentaten Columban des Älteren, der als christlicher Barde die Insel durchstreift.

Das Land erblühte in jenen Tagen wie ein Kirschbaum im April. Unter den Hunderten von Kreuzesformen, die die Geschichte kennt, war das irische Kreiskreuz lange Zeit das schönste der Christenheit. Gegen ihre Könige traten die Iren aus Protest oft in den Hungerstreik. Vielweiberei und Scheidung behielten sie – unter Bezug auf Abraham und die Patriarchen – als guten irischen Brauch bei. So wurde Irland ohne einen Märtyrer christlich. Auf dieser Insel wohnt das einzige Volk Europas, das nie Eroberungszüge unternahm, selbst aber vielmals erobert wurde. Nur Priester schickte dieses rätselhafte Volk der Galater auf den Kontinent – Mönche, Gelehrte, Sänger, Missionare. »Hier draußen«, schreibt Heinrich Böll über tausend Jahre später in sein Tagebuch, »lag damals, weit außerhalb der Mitte, als ein Exzentrikum, tief in den Atlantik hineingerutscht, Europas glühendes Herz.« »Wir sind alle eins«, hören wir nun noch einmal den anschwellenden Gesang dieser Abenteurer, »alle sind wir Glieder eines Leibes, ob Gallier, Briten, Franken, Burgunder, Iren oder welcher Nation auch immer.«

Columban stirbt in Bobbio in Norditalien, Gallus in Arbon in der Schweiz, unweit des späteren Klosters St. Gallen, das zu einer von vielen neuen Keimzellen der Kultur Europas werden wird, wo irische Harfen die Wiegenlieder der neuen Kindheit des Kontinents begleiten. »Wir dürfen nicht schweigen von der Insel Irland, die zwischen Spanien und Britannien liegt«, notiert noch zweihundert Jahre nach dem Tod des Gallus der Mönch Ermenrich im Kloster Sankt Gallen, »denn von dort ist uns ein Strahl großen Lichts gekommen.« Bangor, die Heimatstadt Columbans, war zu einer neuen Wiege des Westens geworden, nur fünfzehn Meilen von Belfast am Lagan River entfernt.

»Ohne Gegner kein Kampf«, lesen wir in einem seiner Briefe, »ohne Kampf kein Sieg, und ohne Freiheit keine Würde!« Doch noch während er im hohen Alter seine letzten Rundschreiben verfaßt, spüren wir die Erde erzittern.

Gibraltar, März 711

Die Araber setzen zur Eroberung Europas an, ein Apostelgrab wird im Norden Spaniens entdeckt und ein Weg der Wiedererinnerung durch das Abendland gebahnt.

Nach dem Tod Mohammeds haben die Araber in nur hundert Jahren die Hälfte des alten römischen Weltreichs überrannt. Plötzlich ist das Mittelmeer kein Binnensee mehr, sondern zur Grenze Europas geworden.

In Ägypten waren die Verhältnisse so, daß der Sieg der Araber über die korrupten Byzantiner von vielen Christen für ein gerechtes Gottesgericht gehalten wird. Jerusalem haben sie im Nu erobert. Sie errichten auf einem Platz mitten in der Stadt über den Fundamenten des alten jüdischen Tempels den Felsendom – mit den gleichen Maßen wie die christliche Auferstehungskirche über dem Berg Golgotha nach den Angaben der Offenbarung des Johannes, die byzantinische und syrische Architekten den Muslimen untergeschmuggelt haben. In Algerien wurden die sieggewohnten Truppen für einen Moment von einem Stamm jüdischer Berber unter ihrer Königin Dahyia Cahena aufgehalten – ein schnell vergessenes Intermezzo der Weltgeschichte. Doch im Frühjahr 711 setzt der Feldherr Tarik mit 7 000 Mann über die Meerenge von Gibraltar. Kurz danach schlagen sie die Westgoten unter König Roderich vernichtend am »Fluß des Vergessens«, dem Rio Guadalete in Andalusien. Der König verblutet auf dem Schlachtfeld. Die Eroberung Spaniens, für die die Römer zweihundert Jahre gebraucht hatten, gelingt den Arabern danach im Handumdrehen. So leicht wie ein Messer in die Butter dringen die Heere des Kalifen über Spanien und Frankreich in das Abendland ein. Europa droht eine Provinz der Herrscher aus Damaskus zu werden.

Mitten in diesem Prozeß geschieht etwas sehr Merkwürdiges. Spanien wird nicht ganz erobert; eine kleine Ecke im äußersten Nordwesten widersteht dem Ansturm der Araber. In dieser Ecke waren kurz zuvor die Gebeine des Apostels Jakobus in einem Feld entdeckt worden. Als weit im Osten nur achtzig Jahre nach dem Tod Mohammeds die Stadt Jerusalem als Mitte der Christenheit verlorengeht, taucht mit dieser Entdeckung ganz im Westen, auf dem Höhepunkt islamischer Zeit, gewissermaßen ein neues Jerusalem auf der Landkarte auf. Das ist Sant Iago, Sankt Jakob, die einzige Stadt der Welt, deren Entstehung sich einem Apostel verdankt.

Während die Araber über Gibraltar noch auf allen Straßen und Wegen Spaniens nach Norden stürmen, beobachten wir in Nordspanien nun plötzlich Millionen von Pilgern aus ganz Europa, die mit ihren Füßen einen neuen Weg von Ost nach West ebnen – bis hin zur »finis terrae«, an das antike Ende der Erde an der galizischen Küste, wo Santiago liegt. Viele Jahrhunderte lang wird dieser Zug nicht abbrechen. Und nur sieben Jahre nach der Schlacht am Guadalete sehen wir, wie den siegreichen Muslimen und ihrer neuen Wüstenreligion in der Nähe des Jakobusgrabes ihre erste Niederlage beigebracht wird, als ein gewisser Don Pelayo sie dort in den Kantabrischen Bergen in eine Falle lockt. Danach folgt der blitzschnellen arabischen Eroberung eine unendlich zähe Wiedereroberung der iberischen Länder durch die Christen.

Also verdankt sich gewissermaßen die Wiederanbindung Spaniens an Europa den Vorfahren Sancho Pansas und nicht dem Geschlecht Don Quijotes; die gedrungenen Galicier und Asturier und nicht die hageren westgotischen Edlen Kastiliens kreuzen hier erstmals erfolgreich ihre Klinge mit den Arabern. Alsbald, nachdem der listige Sancho das Apostelgrab entdeckte, wird »Santiago de Compostela« ein unerhörter Magnet für die Völker Europas, besonders der Franken links und rechts des Rheins. Muß dieser Weg nicht zum Wohl der Frommen, zum Nutzen der Christenheit gesichert werden? In Torres del Rio steht eine achteckige Kapelle der Ritter vom heiligen Grab links von der Straße auf einer Anhöhe, durch deren offenes Dach den Pilgern nachts mit Flammen und tags mit einer Rauchsäule der Weg gewiesen wird – mit »einer Wolke am Tag und eine Feuersäule bei Nacht«.

Noch bevor das Jahrtausend zu Ende geht, ist der gesamte Norden Spaniens zurückerobert. Dabei wird der Pilgerweg nach Santiago parallel zum Frontverlauf immer ein wenig südlicher durch das Landesinnere verlegt. Wie steinerne Besitztitel werden hier immer neue Kirchen errichtet und Moscheen in ebensolche umgewandelt. »Santiago! Santiago!« ist der Schlachtruf der Spanier über Jahrhunderte hinweg. »Allahu akbar!« heißt die Antwort der Araber, »Gott ist größer!« Die Christen schreien nach dem heiligen Jakob, wo die Muslime den Allerhöchsten um seinen Beistand anrufen. Denn für die Europäer gilt nach der Fleischwerdung Gottes prinzipiell der Geist ohne zumindest einen Knochen nicht viel. Fast alle Kellergewölbe des Hauses Europa bergen darum bis heute Knochen und Beine der Heiligen. Und über diese Gewölbe hinweg verbindet der Weg nach Santiago die Jahrhunderte. Er zieht sich wie ein Rückgrat durch das europäische Mittelalter.

Der Weg ist ein Geflecht von Wegen, ein Adernetz, das sich durch ganz Europa spannen wird; Hunderte von Kilometern allein in Spanien, nach Norden und Süden. Wie Seide spinnt sich die Blüte der romanischen Kultur um dieses Gerüst herum. Das europäische Hospitalwesen entwickelt sich entlang dieses Weges, die Herbergs- und Hotelkultur, der Brükken- und Straßenbau, die Architektur des Abendlands. Ein Feldweg gestaltet Europa um, eine Spur, die von unzähligen Füßen befestigt wird. In Europa hat fast jede alte Stadt von Belang einen Jakobshof, wo sich die Pilger sammeln, wie in Frankfurt am Main, oder eine Jakobskirche wie im mährischen Brünn oder im polnischen Toruń vierhundert Kilometer östlich von Berlin. Kein Weg hat die Kenntnis der Nationen des Westens voneinander so sehr gefördert. Keiner hat die europäische Integration intensiver vorangetrieben. In Kastilien und León scheint er manchmal in grenzenloser Einsamkeit bis an den Rand des Himmels zu steigen, in ein unendliches Blau hinein, über weizenfarbene Steine und mit Schafherden in der Ferne in den Farben abgeernteter Felder. In Redecilla del Camino in Kastilien, einem kleinen Dorf am Weg, finden wir sogar ein Taufbecken, das einmal als Abbild des himmlischen Jerusalems für dieses Hundertseelennest geformt wurde. Ein Strauß Plastikblumen schmückt das ausgetrocknete Meisterstück. Die Kirchentür hängt schief in den Angeln.

Soissons, Dezember 751

Erzbischof Bonifatius salbt Pippin den Jüngeren im Herzen Galliens wie die Könige Israels zum Herrscher.

Zwanzig Jahre nach Pelayo bricht sich der Triumphzug des Islams an den Lanzen und Streitäxten der fränkischen Bauernkrieger unter dem Feldherrn Karl Martell. Im Bericht dieser siebentägigen Schlacht vor Poitiers im Herzen Frankreichs fällt zum erstenmal der Begriff »Europa« im modernen Sinn.

Schon auf der nächsten Seite der Chronik jener Jahre befinden wir uns über dem Ufer der Aisne in der merowingischen Königsstadt Soissons, wo der Schlachtenlärm dem Knistern von Kerzen und einer atemlosen Stille gewichen ist. Draußen schwingt sich eine bewaldete Hügellandschaft sanft über dem Fluß empor. Der Steinbau ist von lauter strohgedeckten kleinen Lehmhütten umgeben, deren Mauern an Häuser der Berber aus Marokko erinnern. Hier im Innern duftet es nach Weihrauch. Der Raum im Dämmerlicht ist voller Menschen.

Ein Mann in fränkischer Kriegerkleidung kniet auf einem Podest vor einem hochgewachsenen Greis nieder, der seine Hand in eine Schale taucht und damit die Stirn des Knienden bezeichnet. Ist das nicht Karl, »der Hammer«, wie die Franken den Mann nennen, der die Araber zurückwarf? Ja, es sind seine Gesichtszüge, doch es ist Pippin, sein Sohn. Und was da gerade geschieht, ist die endgültige Antwort auf die seit Chlodwig offene Frage nach der Legitimation der Könige im neuen christlichen Reich der Franken. Neunzehn Jahre nach der Schlacht bei Tours und Poitiers ist es auch die erste Antwort der Kirche auf die Bedrohung durch den Islam.

Gestern ist der letzte machtlose Königsproß der Merowinger geschoren und ins Kloster geschickt worden. Dazu hatte sich Pippin, der Verwalter des königlichen Hofes, von Rom ermächtigen lassen. »Wer die Macht hat, soll auch König sein«, hat ihm der römische Bischof geschrieben. Der Schotte Wynfrith, vor dem er dort kniet und den die deutschen Franken Bonifatius nennen, hat ihm als päpstlicher Gesandter den Brief überbracht. Und so salbt er diesen Krieger nun erstmals mit Öl vom Ölberg aus Jerusalem zum »Gesalbten des Herrn«, zum ersten katholischen König des Westens – exakt nach dem Vorbild jener Zeremonie, mit der nach der Bibel fünfzehnhundert Jahre zuvor im fernen Palästina der Prophet Samuel Saul und David zum ersten und zweiten König der Juden gesalbt hatte.

Es ist die letzte Großtat dieses Achtundsiebzigjährigen. Er ist der große »Entgötterer« des Nordens. Bis weit über die Elbe hinaus hatte er die alten germanischen Länder mit ersten primitiven Domkirchen, gebaut über alten heidnischen Heiligtümern, übersät. Diese Salbung aber ist sein letzter und aufklärerischster Akt. Von jetzt an legitimiert nicht mehr die Abstammung von Göttern, sondern die alte jüdische Salbung durch die römische Kirche für Hunderte von Jahren die Herrscherfiguren Europas. Jetzt erhebt sich Pippin. Sein Schwert klirrt auf dem Steinboden.

Karl Martell hatte Pippin gezeugt. Und Pippin zeugte Karl. Karl wird wie kein Mensch mehr danach den Innenraum im europäischen Haus erhalten.

Aachen, April 806

Karl der Große nimmt die Bauarbeiten am himmlischen Jerusalem wieder auf.

Große goldglänzende Flügeltore aus bester Bronze schwingen vor uns auf. In Konstantinopel leuchtet kein Tor goldener. Hinter der Schwelle eines geheimnisvollen Zentralbaus mögen wir nur noch flüstern. Pippins Sohn Karl ist der Bauherr dieses Zimmers, das er nach den »heiligen Maßzahlen« der Apokalypse entwerfen ließ. Im ersten Stock schmücken streng geometrische Gitter eine Balustrade über dem inneren Säulenring. Die ganze Anlage ist nach Osten ausgerichtet, dorthin, wo der Jüngste Tag zuerst aufleuchten wird, dem Wiederkommen des Messias entgegen. Auch der Thron im ersten Stock schaut genau nach Osten. Jetzt, kurz vor dem Morgengrauen, leuchtet nur fahl der Jerusalemer Marmor dieses Stuhls, auf dem wir den Herrscher reglos sitzen sehen, von der Empore herab. Worauf wartet er? Hat er nicht alles erreicht?

Sein Berater Einhard, den er nach dem Architekten des Gotteszeltes Israels in der Wüste Bezaleel nennt, hat mit Odo von Metz den Bau der neuen Pfalzanlage fast vollendet. Er selbst läßt sich in seiner Akademie David nennen. Der römische Badeort Aachen am Nordrand der Eifel ist sein Jerusalem geworden. Als weitere Berater und Architekten hat er einen Kreis auserwählter Mönche um sich versammelt – aus Irland, Pisa oder Aquileia, auch Angelsachsen, Franken, Westgoten oder Langobarden sind bei seiner zwölfköpfigen Tafelrunde, von der die Legenden noch Jahrhunderte erzählen werden, dabei. Sein Reich umfaßt die Vorfahren der Westdeutschen, der Franzosen, der Norditaliener, der Österreicher, der Schweizer, der Niederländer.

Papst Leo III. hat ihm vor sechs Jahren außerdem ein kaiserliches Diadem auf die Stirn gesetzt und ein »Imperium Romanum« als Geschenk vermacht. Aber es gab doch gar kein »römisches Reich« mehr, nur in Byzanz im Osten noch. Westrom war doch schon vor dreihundert Jahren gefallen! Ja, und dieses mächtige Rom war jetzt wiederauferstanden, über die Alpen in den Norden gewandert. Mit einem Mal war Karl ein Nachfolger Konstantins, Diokletians, Neros und Cäsars geworden. Nun mußten sich die Gesandten aus Byzanz vor dem fränkischen Herrscher platt auf den Boden werfen.

Der Kaiser zieht sich den Mantel höher über die Schulter. Gestern hatte er seine Tafelrunde schon vor Mitternacht aufgehoben und sich noch Stunden aus den Schriften des Augustinus vorlesen lassen. Gott weiß, daß keiner mehr als er der himmlischen Stadt, der Vollendung der Geschichte entgegendrängt. Den Stamm der Sachsen hatte er mit Feuer und Schwert seinem Gottesvolk der Liebenden hinzugefügt. Doch wer hat die Witwen, Waisen, die Schwachen und Schutzlosen jemals besser geschützt? Wann haben die Frauen je zuvor eine ähnlich bedeutende Rolle gespielt als unter seiner Herrschaft? Wann ging es hier gerechter zu? Wann friedlicher? Wann waren die Stämme, Zungen und Länder je einiger? Jetzt wird es hinter dem östlichen Fenster hell.

Bald nach Karls Tod teilt sich sein Reich in die beiden Rheinländer der Ost- und Westfranken. Deutschland und Frankreich gehen aus einem barbarischen Bruderkampf hervor. Das deutsche Reich zerfällt wieder schnell in die Stämme, aus denen es genommen war. Dennoch ist Karl der Große der Vater aller späteren Visionen einer politischen Einheit Europas geworden. Sein Reich war so europäisch wie kein Staat danach. Von ihm selbst zeugt dieses Haus in Aachen, das er als eine heilige Uhr errichten ließ. Jeweils am Mittag der Sonnenwenden fällt ein Lichtstrahl auf die Goldkugel des Barbarossaleuchters, der sich von der Decke des heiligen Achtecks als eine Stadt zur Erde heruntersenkt. Der Raum ist ein zentrales Zimmer des lateinischen Westens. Wie Muscheln an einen Felsen sind an dieses karolingische Urgestein eine Vielzahl von Räumen späterer Zeiten angewachsen.

Lorsch am Rhein, Juli 820

Das Buch wird zum Fundament Europas.

Viele Tagesreisen weiter steht in Lorsch am Rhein eine rote Torhalle mitten im Weg. Doch ist es eine Torhalle? Es ist ein quergestellter mächtiger steinerner Schrein über drei Rundbögen. Links und rechts führen zwei umschlossene Wendeltreppen zu ihm hoch. Der Raum ist ein Schmuckstück. Rote und weiße Kacheln sind an seiner Stirnseite zu einem kunstvollen Ornament ineinandergreifender Davidsterne angeordnet, durchbrochen von vorspringenden Säulen und einem rätselhaften Friesdekor. Es ist ein neuer Eingang des neuen Europas.

Denn es ist ein Übersetzungslabor, ein Skriptorium, das Abt Richbod für das reiche Kloster Lorsch wie eine Brücke vom Altertum in die Neuzeit errichten ließ. Durch diese Torhalle ergießen sich die Ströme der antiken Weisheit in den Neubau Europas, der nun nördlich und westlich vom Gebiet des alten römischen Weltreichs entsteht. Als der Süden und Osten des Mittelmeerraums an den Islam gefallen ist, erlebt Europa hier oben eine erste Wiedergeburt, deren Fundament das Buch ist.

Schon im ersten Jahrhundert hatte das Buch die Schriftrolle abgelöst. Verglichen mit der Schriftrolle, ermöglichte das Buch einen viel schnelleren Zugriff auf jede Information. Das Buch beschleunigte die Kommunikation auf eine Weise, wie es zweitausend Jahre später die Elektronik noch einmal tun wird.

So gibt es zu Beginn des Mittelalters kaum etwas Wertvolleres als diese pergamentenen Bücher, die in Lorsch wie in Irland oder am Bodensee auch Bilder und phantastische Ornamente neben den Schrifttexten enthalten: Fabelwesen, Engel und immer neue Skizzen der Gottesstadt. Eine ungeheure Erregung hat die Kunst ergriffen. Der Glanz und die Farbenfülle dieser kindlich verspielten karolingischen Miniaturen wird nie mehr übertroffen werden. Eine ungebändigte Geistigkeit treibt diese frühe Geistlichkeit Europas um. Und die Geistlichen, das sind neben den Bischöfen und Mönchen alle Bewohner der Klöster, die Gärtner ebenso wie die Goldschmiede, Buchmaler, Buchbinder, Schreiber. Schöner und liebevoller werden Bücher nie mehr ausgestattet werden als in dieser Zeit, da sie allesamt Unikate sind. Jedes Buch kostet allein der Rinderhäute wegen eine ganze Rinderherde. Nie mehr wieder wird das einzelne geschriebene Wort so wertvoll sein. Ja, hier wird Europa aus den Scriptorien ein neues Fundament aus Pergamentseiten untergeschoben. Wie ein Seitenfenster öffnen wir einen dieser Codices und beugen uns über ihm noch einmal in einen heute fast vergessenen Zeitraum unserer Geschichte zurück.

Lyon, September 834

Bischof Agobard wird eifersüchtig auf die Juden.

In einer Kammer steht ein Schreibpult am Fenster und davor ein Bischof, der gerade einen Brief an seinen Mitbruder in Narbonne beendet. Er ist empört. Bischof Agobard ereifert sich, daß viele seiner frommen Franken inzwischen den Sabbat heiligen und den Sonntag durch Arbeit schänden. Zahlreiche Mädchen würden sich mit Vorliebe bei Juden als Mägde verdingen. Unter den einfachen Leuten hielten viele Israel für das einzige und wahre Volk Gottes. Und am Hof König Ludwigs und seiner Frau Judith gingen die Beschnittenen inzwischen ein und aus, wie es ihnen gefalle.

Spätestens seit dem Fall Jerusalems im Jahr 70 leben auch die Juden überall in Europa, allerdings so wie die ersten Christen in verstreuten Gemeinden, ohne Staat und Reich, als eine ungeschützte Gesellschaft an einem seidenen Faden, als reine Zivilisation. Keiner ist so belesen und schriftkundig wie sie. Der christliche Klerus und die Juden sind deshalb natürliche Konkurrenten um das Herz Europas. Doch während der Klerus lateinisch schreibt und liest, schreiben die Juden außer in Hebräisch auch schon oft in den jeweiligen Landessprachen – von Deutschland, das sie Aschkenas, bis zu Spanien, das sie Sefarad nennen –, allerdings in hebräischen Lettern. Es gibt keine Analphabeten unter ihnen. Das ganze Volk ist bei den Juden so schriftkundig, wie es unter den Christen nur die Mönche sind. Ihre hohe Bildung ist ein ständiger Stein des Anstoßes in einer noch weitgehend ungebildeten Welt.

Doch die Spannung zwischen Juden und Christen ist dennoch nicht der Konflikt, der das Mittelalter prägt, vor allem nicht am Anfang. Das ist vielmehr der Konflikt zwischen der weltlichen und geistlichen Macht, wie ihn Augustinus Jahrhunderte zuvor skizziert hatte. In diesem Widerspruch verbraucht sich das Mittelalter. Petrus und Cäsar, der erste und der dreizehnte Apostel, erschöpfen sich im Kampf um den Vorsitz in Europa. Vierhundert Jahre nach Karl dem Großen werden Päpste deutsche Könige aus der Gemeinschaft der Christen ausschließen und Kaiser Päpste für abgesetzt erklären. In dieser Zeit werden die Kanzleien der Kaiser erstmals auch vom »Heiligen Römischen Reich« sprechen, um den Völkern Europas ihren mit den Päpsten ebenbürtigen Rang zu demonstrieren. Von nun an werden in Köln die »Heiligen Drei Könige« verehrt, weil sie in Bethlehem schon dem Messias huldigten, als Petrus noch in den Windeln lag. Köln wird zum »hillije Kölle«, wo es wohl keinen richtig stört, daß der Evangelist Matthäus ihre »Könige« noch »magoi« oder »Sterndeuter« nannte. Nicht weit hinter diesem Schrein blicken wir in einen Raum, der wie in einem nächtlichen Spiegel der Kammer Bischof Agobards gleicht.

Casamari, Juni 1179

Joachim von Fiore erblickt das dritte Reich am Horizont.

Die Kerze auf dem Tisch ist fast herabgebrannt. Padre Gioachino läuft der Schweiß die Stirn herunter. Sein Leben lang hatte er sich über die Bücher des Johannes wie ein Alchimist über den Stein der Weisen gebeugt. Ihm ist, als habe er endlich ihr Geheimnis verstanden. »Wie die Dreifaltigkeit ist auch die Weltzeit gegliedert: als eine Geschichte des Vaters und des Sohnes und des Heiligen Geistes«, schreibt er. Das erste Zeitalter war ein Zeitalter der Knechte, das zweite ist eines der Freien und das dritte wird ein Reich der Freude, der Liebe, des Öls, des Sommers, der Helle des Tages, der Lilien, des Geistes und des Pfingstfestes sein. Nun – die Erschütterungen der Papstkirche zeigen es überall – wird das zweite Reich abgelöst werden. Der Petruskirche wird eine letzte Johanneskirche folgen. Es wird keine Fürsten und Bischöfe und auch die Trennung zwischen Priestern und Laien nicht mehr geben. Sehr bald wird dieses dritte Reich kommen. Der Antichrist, der Böse persönlich, wird durch sein Erscheinen dieses Reich ankündigen.

Seine Kammer liegt nicht weit von Rom, nicht weit vom Monte Cassino. Die Fenster des Raumes lassen uns hier schon ins nächste Jahrhundert blicken. Unten in Apulien erblicken wir da einen Reiter, der einen Berg hochjagt, auf dem ein geheimnisvolles Castell aus neun Achtecken errichtet wird. Acht schlanke Oktogone werden wie Zacken einer Krone einem massiven Oktogon mit einem achteckigen Innenhof in der Mitte hinzugefügt. Mehr Achtecke sind noch nie einem Haus einverleibt worden. Was soll das für ein Bau werden? Eine kaiserliche Gefängnisburg? Ein kosmischer Brunnen? Und ist der Reiter vielleicht schon der Antichrist?

Am Horizont sehen wir schon die Jünger des Franziskus in ihren braunen Kutten in Scharen durch die italienischen Ebenen und Städte ziehen, unter ihnen die ersten Naturforscher und Entdecker Europas mit ihrer überschäumenden Liebe zu aller Kreatur. Jede Zwölfzahl im Wald ist ihnen eine Kirche. Überall wo sie sich versammeln, erkennen sie die Türme und goldenen Mauern der himmlischen Stadt. Sie und die Dominikaner in ihren schwarzweißen Gewändern antworten mit ihren Predigten und ihrem Lebensstil den ketzerischen Bewegungen der Katharer in Frankreich, der Lombardei und Deutschland.

Diese Radikalerneuerer leugnen die verwandelnde Kraft der Taufe, die Wirklichkeit der Wunder, die Gegenwart Christi im Altarsakrament, den Sinn von Gebeten, die an Heilige gerichtet werden, und so weiter. Die Klöster sind ihnen zu fett geworden. Die römische Kirche sei die Hure der Apokalypse, ein Sündenpfuhl, der von Grund auf ausgemistet und reformiert werden müsse, durch vollkommen neue Formen gemeinschaftlichen Lebens und mit einer Theologie, die wieder an den Wurzeln ansetzt. Die Welt habe gedürstet nach ihnen, glauben sie, und Gott persönlich habe sie zu ihrem Erneuerungswerk berufen. Endlich solle unter ihnen die Kirche wieder zu dem werden, wozu sie von Christus gegründet worden war. Nie käme es ihnen in den Sinn, sich selbst als Abweichler des allgemeinen Glaubens zu sehen. Sie allein hingen der wahren Lehre an und hätten den rechten Weg zum heiligen Berg Zion endlich wieder beschritten.

Friedrich II. und Gregor IX., die sich untereinander so leidenschaftlich wie kaum je ein Kaiser und Papst bekämpfen – der Papst belegt diesen Kaiser gleich zweimal mit Acht und Bann –, leisten sich gleichwohl einen regelrechten Wettkampf in ihrem Vorgehen gegen die Ketzer. In Südfrankreich zerschlagen Papst Innozenz III. und König Ludwig VIII. die ketzerischen Albigenser gemeinsam in einem Vernichtungskrieg. Es ist dennoch nur ein vorläufiges Ende der attraktiven Bewegungen. Der moderne Totalitarismus dieser »Reinen« und »Vollkommenen« bedroht Europa von innen schon mehr als die Sarazenen von außen. Rom wird auch die Dreifaltigkeitslehre des Joachim von Fiore bald als Irrlehre verwerfen. Aber die Kreise, die seine Gedanken ziehen, kann keiner verhindern. Immer noch kratzt seine Feder über das Papier. Vom östlichen Fenster der Kammer blicken wir aus einer Stadtmauer ins Freie.

Jerusalem, Oktober 1187, und Beauvais, April 1284

Das fränkische Königreich Jerusalem fällt, und in der Picardie stürzt eine Peterskirche ein.

Das Kidrontal liegt vor der Mauer. Drüben zieht eine Ritterprozession zum Garten Gethsemane hoch. Das Königreich Jerusalem ist nach nur achtundachtzig Jahren gefallen. Sultan Saladin hat die Stadt eingenommen, nachdem er das Heer der »Lehnsleute Christi« oben in Galiläa wie eine trockene Distel zerrieben hatte. Der großzügige Sarazene läßt die Franken für ein bis zwei Dinar Lösegeld pro Kopf zurück in die Heimat ziehen. Aber Heimat? Hier im Heiligen Land wollten sie für immer Heimat haben.

Diese Kreuzfahrer waren Europas erste Zionisten. In Palästina hatten sie für kurze Zeit den europäischen Staat schlechthin errichtet. Wie nirgendwo sonst hatten sie hier nach der blutigen Eroberung Jerusalems mit aller Kraft an der neuen Stadt gebaut und gemauert. Und nun weht die Fahne des Propheten wieder über der Al-Aksa-Moschee, die sie knapp hundert Jahre zuvor auf dem alten jüdischen Tempelberg in eine Marienkathedrale verwandelt hatten. Die Kreuzzüge sind an ihr Ende gekommen, auch wenn in den nächsten hundert Jahren noch siebenmal versucht werden wird, sie wieder aufleben zu lassen. Keineswegs an ihr Ende gekommen sind jedoch die ungeheuren Wirkungen des Zusammenpralls der Kulturen für Europa. Wie unter einem Mikroskop können wir uns knapp hundert Jahre später in der fernen Picardie im Westen Frankreichs davon ein erstes Bild machen – in der gigantischen Staubwolke eines einstürzenden Neubaus.

Der Grundstein für die St.-Peter-Kirche von Beauvais, die das größte Gotteshaus der Welt werden sollte, war ein halbes Jahrhundert nach dem Fall Jerusalems gelegt worden. Höher hat sich die mittelalterliche Kultur nie emporgeschwungen, tiefer ist sie nie gefallen. Der Einsturz im Jahr 1284 ist die spektakulärste Baukatastrophe eines neuen Zeitalters, in dem allein in Frankreich in nur hundert Jahren einhundertfünfzehn Kathedralen errichtet werden.

Die graue Schieferwand, die das weiße Kreidegebäude im Westen abschließt, leuchtet golden in der Abendsonne. Große Kastanien wirken winzig vor den turmhohen Mauern. Wir halten den Atem an vor dem einzigartigen Balanceakt, der hier einmal über den Gesetzen des Gleichgewichts und der Schwerkraft riskiert wurde. Es scheint ein Wunder, daß bei dem Einsturz überhaupt noch ein Stein auf dem anderen blieb, daß die Mauern nicht alle wie Karten ineinanderfielen. Der Stein ist so fein gearbeitet, als hätte er den Händen der Steinmetze überhaupt keinen Widerstand geleistet, als hätte sich hier die Materie dem Geist völlig unterworfen.

Nur das Querschiff und der Chor sind vollendet, Längsschiff und Turm fehlen. Die Wände sind so hoch, als hätten die Maurer einfach nicht aufhören wollen. Die schlanken Pfeiler verlieren sich im Himmel. Lichtflecken gleiten im Osten die Säulen und Wände hoch, Teppiche von Licht und Farben. Verschwindet die Sonne, glühen die Fenster selber auf. Wenn Wolken vorbeiziehen, beginnen sie zu leben, werden größer und kleiner, als atmeten sie. Die älteste, noch – seit 1302 – laufende Uhr der Welt, die wie eine spätere Kanzel gebaut wurde, steht in einer Seitenkapelle. Es ist die vielleicht ungeheuerlichste Entdeckung des Westens, die verrinnende Zeit. Nicht einmal die Chinesen haben so etwas erfunden: die Meßbarkeit des Abstraktesten in Stunden, Minuten, Sekunden.

Die Vorgeschichte dieses filigranen Massivs von Beauvais spiegelt die Geschichte der Gotik. Ihren Ursprung verdankt diese himmelstürmende neue Baukunst der Ausrufung des sogenannten »Gottesfriedens« im frühen elften Jahrhundert in Frankreich. Das Land war durch ungezählte Fehden und die Willkür der Adligen völlig ausgeblutet. Die Macht des Königs galt nichts. Was galt, war das Recht des Stärkeren, das Recht der Plünderei und der Vergewaltigung. Eine erste Frucht des Gottesfriedens, den die Kirche in dieser Not zuerst in Frankreich und später im ganzen Abendland durchsetzte, war ein wirtschaftlicher Aufschwung. Vom Abt Suger, der St.-Denis bei Paris als erste gotische Kathedrale errichten ließ, wissen wir, daß die Landbevölkerung dem neuen Frieden eine Produktionssteigerung um mehr als tausend Prozent verdankte. Das war die erste Quelle der unvorstellbar großen Mittel, die solche Bauten erforderten: Der Bau der neuen Kathedralen setzte um 1130 ein, und seit damals können sie als prächtigste Metaphern der Stadt des Friedens gelten, die die Kreuzfahrer nicht zu errichten vermochten.

Zu der Kreuzzugs- und Pilgerbewegung gesellte sich in dieser Zeit jedenfalls auch noch eine äußerst dynamische Baubewegung aus dem gleichen Geist. Kirchenbau wurde zum Gottesdienst wie die Kreuzzüge nach Jerusalem oder die Pilgerschaften nach Santiago. Die Menschen, die diese Bauten begannen, erwarteten nicht, daß sie ihre Vollendung erleben würden. Priester, Bischöfe, sogar der König reihten sich dieser Bewegung neben den Bauern unter die Handlanger ein, um Balken und Steine für die neuen Gotteshäuser zu schleppen. Das war der Anfang.

Hundert Jahre später waren dann aus den Bauhütten der Kathedralen die ersten Technologiezentren Europas geworden, denen eine Vielzahl neuer Berufe entsprang. Durch sie wurden die mittelalterlichen Städte genauso ausdifferenziert wie die Architektur dieser sakralen Bauten. Über Versuch und Irrtum wurde im Dombau der Wissensschatz vieler Zünfte erweitert und gespeichert. Es war der Triumph des Christentums über ein ganzes Zeitalter.

Doch kaum war das Königtum durch die Friedenszeit erstarkt, bemächtigte sich das französische Königshaus der Capetinger dieses Triumphs. Nun begann ihr Aufstieg zu einer Machtfülle, die in Europa ohnegleichen ist. Der Gottesfriede wurde in »Königsfriede« umbenannt, als dessen markanteste Symbole im Kronland nun die neuen Kathedralen galten. In diesen Jahren schlug die anfänglich oft dokumentierte *libido aedificandi*, die »Baulust«, in eine regelrechte Bauwut um, die bald als »Baukrankheit« oder »Bauwollust« kritisiert wurde. Um 1165 war mit dem Bau von Notre-Dame in Paris der Wettkampf um die höchsten Höhen ausgebrochen. Mit fünfunddreißig Metern Gewölbehöhe wurde sie die größte Kirche des Landes. Dreißig Jahre später erhielt die Kathedrale von Chartres ein noch einmal vier Meter höheres Gewölbe. Weitere sechzehn Jahre später wurde mit dem noch höheren Bau der Krönungskirche von Reims begonnen. Neun Jahre später wurde in Amiens der Grundstein für die bis dahin modernste und rationalisierteste Kathedrale gelegt, deren Volumen nach einer Bauzeit von vierzig Jahren doppelt so groß werden wird wie das von Notre-Dame. Es ist der höchste Kirchenraum der Welt. Und die Kathedrale von Beauvais sollte noch höher werden. Der Bau wurde 1225 begonnen, fünf Jahre nach dem Beginn des Neubaus von Amiens. Knapp sechzig Jahre später stürzt er ein. Das Gewicht war auf zu wenige Säulen verteilt worden.

Sieben Jahre nach diesem Einsturz wird Akko von den Arabern erobert werden. Das wird das endgültige Ende der Kreuzzüge sein. Zwölf weitere Jahre später wird Papst Bonifaz VIII. als Gefangener nach Frankreich gebracht werden – der Auftakt der großen Spaltungen, die den Westen bald bis ins innerste Mark zerreißen werden. In Beauvais aber wird unmittelbar nach dem Einsturz wieder mit dem Auf- und Weiterbau der Kathedrale begonnen. Es ist ein Triumph der Baustelle über die Ruine. Nichts spiegelt den Entfaltungsprozeß der Städte des Westens so wie seine großen Gotteshäuser.

Im Heiligen Land aber fängt mit dem Untergang des abendländischen »Königreiches Jerusalem« auch die unheilvolle Nationalgeschichte der Europäer an. In keinem Reich hatten sich die universalen Hoffnungen aller Nationen Europas jemals mehr verdichtet als in diesem flüchtigen westlichen Feudalstaat, den Franzosen, Engländer, Deutsche, Normannen, Spanier, Italiener dort gemeinsam im Herzen des Orients erkämpft und errichtet hatten. Das Scheitern dieser Utopie konnte nicht ohne weitreichende politische Folgen bleiben. Schon bald nach den Kreuzzügen ist nicht mehr das universale »Heilige Römische Reich« der Kaiser, sondern das nationale Königreich der Westfranken die führende Macht des Abendlandes geworden: Frankreich, »die erstgeborene Tochter der Kirche«.

König Ludwig kauft 1239 in Konstantinopel für die phantastische Summe von 135 000 Livres die Dornenkrone Christi, für die er in Paris für 40 000 Livres die Sainte-Chapelle errichten läßt. Zwei Jahre später wird mit zahlreichen anderen Reliquien eine »toella sancta« dorthin überführt, ein gut vier Meter langes Laken, auf welchem der Schatten eines liegenden Mannes aufscheint. Und vom See Genezareth haben die Kreuzfahrer auch noch das Symbol der Lilien mitgebracht, von denen doch jede einzelne schöner sein soll als Salomon in all seiner Pracht. Die Bourbonen lassen sich ihren Königsmantel schließlich über und über mit dieser Blume besticken.

Konstantinopel, Mai 1453

Byzanz, das zweite Rom, geht in Flammen auf, und Moskau wird zum dritten Rom.

In der Ferne steigt eine Rauchwolke über dem Meer zum Himmel hoch. Das ist Byzanz. Konstantinopel brennt. Das ist das Ende des zweiten Roms Kaiser Konstantins, wo sich Staat und Kirche wie nirgendwo sonst mehr in Europa aneinander angepaßt haben. Nun geht es zugrunde.

Sultan Mehmed ist in die Stadt eingedrungen. Hinter den Mauern geht es apokalyptisch zu: Janitscharen vergewaltigen in der Hagia Sophia die Nonnen der Stadt und besaufen sich mit Meßwein auf dem Altar. Der letzte Kaiser Ostroms ist nur noch an seinen goldenen Adlerschuhen unter Bergen von Gefallenen zu identifizieren; auch er hieß wieder Konstantin wie derjenige, der das christliche Rom 1 100 Jahre zuvor begründet hat. Seit diesem 29. Mai 1453 wird »Europa« endgültig zum Namen für das westliche Abendland. Konstantinopel wird zu Istanbul, zur »Hohen Pforte« der islamischen Welt.

Im alten Morgenland erklärt kurz danach ein Mönch Filofej das kerzenknisternde, hölzerne Moskau vor dem Ural zur Nachfolgerin Konstantinopels: zum dritten Rom. Von diesem Tag an werden Rom und Moskau zu eifersüchtigen Nebenbuhlerinnen um das Herz Europas – Moskau im Osten als ein neues Byzanz, wo die Kirche seit Theodosius eine Dienerin der Herrscher war, und das alte Rom im Westen, wo die Kirche seit Ambrosius ein Widerpart aller Herrscher ist. Es ist noch keine sechshundert Jahre her, daß die ersten slawischen Völker, denen Moskau nun vorsteht, im Auftrag zuerst des Kaisers von Byzanz und später der Päpste Roms zum Christentum bekehrt worden sind. Das hatten zwei Griechen fast ganz allein besorgt, die beiden Brüder Kyrillos und Methodios, und auch sie, wie vorher schon die Iren unter den Franken, mit dem wichtigsten kulturellen Instrument jener Zeit überhaupt unter dem Arm: mit dem Buch. Für die schriftlosen Slawen haben sie dafür eigens eine neue Schrift entwickelt, die bald für den Osten so bedeutend wird, wie es die Regel des Benedikt für den Westen geworden war. Seitdem markieren das griechische und kyrillische neben dem lateinischen Alphabet die Texte und Landkarten Europas, als wollten sie die Spannung festhalten, die Rom und Byzanz in einer einzigartigen Konfliktgeschichte trennt und vereint.

Granada, März 1492

Die Juden werden aus Spanien vertrieben.

Ein schauriges Panorama begleitet im gleichen Saeculum die ersten Schritte des Abendlands auf dem Weg in die Neuzeit. Es sind Bücherverbrennungen, mit denen die Reformation beginnt. Die Inquisition verlangt feurige Menschenopfer. Auf einmal ist Europa voller Hexen und Ketzer. Unsere moderne Angst fängt an dieser Biegung an, die Alpträume der Neuzeit.

1469 haben Fernando von Aragón und Isabel von Kastilien geheiratet und ihre Reiche zu einem neuen Spanien zusammengefügt. Dreiundzwanzig Jahre später wird Granada als letzter maurischer Stützpunkt auf iberischem Boden eingenommen. Damit ist die achthundertjährige Geschichte der christlichen Wiedereroberung beendet. Der Einzug in Granada gilt in ganz Europa als Revanche für den Fall Konstantinopels, die Vereinigung der katholischen Königreiche als der endgültige Beginn des europäischen Nationalzeitalters.

Noch zwei Monate später werden als Ouvertüre der nächsten fünfhundert Jahre alle Juden aus Spanien vertrieben – eine ethnische Säuberung ist das erste große Staatsverbrechen unserer Tage. Königin Isabel unterschreibt am 31. März 1492 im Palast der Alhambra das Vertreibungsdekret.

In den meisten Ländern Europas hatten sich die Juden seit den Tagen der Antike gleichsam aus der Geschichte zurückgezogen. Anwesend blieben sie in dieser langen Zeit fast überall nur in den Verfolgungen und Leiden, die ein entfesselter Mob diesen Ausgesonderten besonders seit der Zeit der Kreuzzüge zufügte. In Spanien aber bildeten die Juden den Mittelstand. Binnen drei Monaten wird er nun radikal vernichtet. Die Juden überfluten zum Abschied ihre Synagogen. Dreihunderttausend müssen auf Schiffen das Land verlassen. Papst Alexander VI. öffnet ihnen schließlich als erster Souverän die Häfen des Kirchenstaates, ihm folgen Neapel, Venedig. Danach öffnet ihnen die Türkei weit die Tore; bald leben in Istanbul fünfzigtausend spanische Juden. Spanien aber ist über diesen Gewaltakt zum ersten modernen Staat geworden.

»In Spanien fand sich das älteste, sicherste und größte Judenzentrum Europas«, wird der rumänisch-deutsche Jude Valeriu Marcu über vierhundert Jahre später in Frankreich, anläßlich einer neuen Flucht der Juden, in einem atemlosen Essay über die Vorgeschichte dieser älteren Vertreibung schreiben. »Im Ringen gegen die Muselmanen hatten sich die christlichen Könige stets der Juden bedient. Die Sehnsucht dieses Nomadenvolkes, die Seßhaftigkeit, schien hier verwirklicht. Gerade als in Mittel- und Westeuropa die Ghettos dem Erdboden gleichgemacht wurden, lud König Jakob von Aragón die Juden ein, sich in Mallorca, Katalonien und Valencia niederzulassen. Der König besiedelte sogar die den Mauren entrissenen Gebiete mit Juden und schenkte ihnen deren Obstgärten, Weinberge und Häuser.«

Im fünfzehnten Jahrhundert lebt deshalb in Spanien die zahlreichste Judenschaft Europas. »Hier existiert sie, trotz aller gelegentlichen Pogrome, noch am ungestörtesten – hier vermag sich am konkretesten der Geist ihrer Religiosität zu offenbaren. So vergaßen die Juden in Spanien ihre Tage der Bedrängnis. Sie sind unter den ersten, die kastilisch dichten. Die experimentale Wissenschaft findet in ihnen begeisterte Verkünder. Ihnen gehört in ganz Spanien die ärztliche Kunst. Alle Hausärzte der Granden, Könige und Erzbischöfe sind Juden.« Hundert Jahre zuvor hatte die Pest allerdings das oft gerühmte Zusammenleben zwischen Juden und Christen in der Tiefe erschüttert und eine Welle von Verfolgungen und Konversionen ausgelöst. Damals, im Jahr 1346, hatte es einen ersten Vorboten der biologischen Kriegsführung in Europa gegeben, als die türkischen Belagerer Kaffas Pestleichen in die genuesische Stadt auf der Krim katapultiert hatten, um die Eingeschlossenen in die Knie zu zwingen. Auf den Schiffen der Flüchtenden war danach der Schwarze Tod zu allen Häfen des Mittelmeers aufgebrochen, wo er ein Drittel der Bevölkerung hinweggerafft hatte: fünfundzwanzig Millionen Menschen in vier Jahren.

Die getauften Juden heißen in Spanien nach der Pestkatastrophe allerdings nicht einfach nur Christen, sondern Conversos, das heißt: Bekehrte. Am Vorabend der Inquisition sind fast die Hälfte der Juden Spaniens getauft. Alfonso de Spina, der General der Franziskaner, ist einer dieser Konvertiten wie Salomon Halevi, der sich später – als Erzbischof von Burgos – Pablo de Santa María nennt, oder Josua de Lorca, der sich in Geronimo de Santa Fé umbenennt, oder Abner de Burgos, der als Alfonso de Valladolid zum Führer der Konvertitenbewegung wird. Seit einem legendären Streitgespräch, das der gelehrte Nachmanides in Barcelona mit den Dominikanern vor dem König zu führen hatte, sind diese Jahrzehnte zur großen Zeit der Disputationen geworden, meist als Wortgefechte zwischen getauften und ungetauften Juden. Prominente Abtrünnige haben das Privileg erhalten, wo immer sie es wünschen, solche Wettkämpfe zu verlangen, in denen über den Messias gestritten wird. Es sind Schauspiele wie später die Stierkämpfe, ähnlich elegant und mit ähnlich vorbestimmtem Ausgang; doch finden sie in Kathedralen statt.

»Und vor diesen Conversos sah sich nun die spanische Kirche vor eine neue, unfaßbare Aufgabe gestellt«, wird Valeriu Marcu fortfahren. »In allen Ländern der Erde hatte sie Ungläubige zu Katholiken gemacht. Und durch nichts unterschieden sich diese Neubekehrten von den anderen. Die Juden aber gingen in der großen Gemeinschaft nicht auf. So entsteht erst langsam, dann schneller und dann mit brausender Gewalt die Reaktion auf die neue Liebe der Hebräer zur Taufe. Denn die Neuchristen haben nicht nur neue Ämter erobert, sie haben auch ihre alten behalten. Sie bleiben weiter Armeelieferanten, Steuerpächter und Bankiers.«

Selbstverständlich behalten diese jüdischen Neuchristen ihre alte Belesenheit und Schriftkundigkeit bei, während die meisten der aragonesischen und kastilischen Granden noch oft kaum mehr als ihren Namen schreiben können. Gesellschaftlicher Neid und Mißgunst verdichten sich rasch zu jener Atmosphäre, die schon die Juden von Worms, Speyer und Mainz vor den brandschatzenden Mörderbanden zu den Palästen der Bischöfe fliehen ließ, weil sie nur dort eine letzte Zuflucht erwarteten, trotz aller Glaubensunterschiede, die die Kirche von den Juden trennte – meist vergeblich, wie wir wissen. »Nur die römische Kirche hat stets auch die Juden beschützt«, wird Valeriu Marcu weiterschreiben, »die Kirche hat die Juden beschützt, damit die Menschen einen heiligen Faden der Erinnerung behalten in Zeiten der immer wiederkehrenden Barbarismen, die verkünden, die Geschichte fange mit ihnen an. Viele Päpste waren als Judenfreunde bekannt. Die ewige Stadt war der einzige Schutzgeist der Juden im Mittelalter. Jahrhundertelang hat die Kirche ganz allein die Menschheit gegen alle satanischen Grimassen, alle bösen Gefühle, allen Wahnsinn der Seele, gegen alle Sekten verteidigt – gegen alle Gegner, die nicht nur vergängliche und quälende politische und wirtschaftliche Systeme verneint haben, sondern auch den beschränkten Rahmen, die beschränkten Möglichkeiten der menschlichen Existenz an sich. Es gäbe kein Abendland mehr, wenn diese Kirche nicht auch kämpferisch gewesen wäre.«

Doch in Spanien ist die Kirche nicht der Widerpart der Könige wie sonst im Westen, sondern der weltlichen Gewalt ergeben. In diesem Land ist sie am nationalsten geworden: vom Papst und seiner Universalität am unabhängigsten. »Hier lebte sie schon im achthundertsten Jahr des Kampfes gegen die Mauren; hier hatte sie schon in 3 700 Schlachten die Fahnen gegen die Ungläubigen gesegnet. Die vier abgeschlagenen Mohrenköpfe im Wappen Aragóns waren das beliebteste Symbol des Landes. Bewußte Träger der iberischen Einheit waren nicht die Ritter, sondern seit acht Jahrhunderten die Kleriker gewesen. In Spanien also borgte die Kirche ihre ganze Autorität den Monarchen. Der Beichtvater der Könige hieß Tomás de Torquemada. Und keiner wußte deshalb besser als er, der Großinquisitor, wie sehr Fernandos Herz stets nach Gold dürstete; er hatte eine primitive, wollüstige Sehnsucht danach. Und die Hebräer gehörten zu den Reichsten des Landes. Der Papst wandte sich an Fernando und Isabel mit einer schweren Remonstranz. Er erinnerte daran, daß Mitleid mit Sündern Gott wohlgefälliger sei als Strenge. Der heilige Vater erklärte, er kenne selbst Menschen, die in Spanien verurteilt waren, die er als Märtyrer betrachtete und denen er deshalb die Absolution gegeben hätte. Die Inquisition bestritt dem Papst ganz entschieden das Recht, ihre Angeklagten von der Sünde loszusprechen. Torquemada blieb noch Großinquisitor, als ihn Rom – empört über seine Verurteilungen – aus der katholischen Gemeinschaft exkommunizierte. Torquemada stellte sich blind und taub. Er hätte gern das Inquisitionsgericht gegen Rom selbst losgelassen.«

Die Juden werden aus Spanien vertrieben. Es gibt danach noch Überlegungen, auch Nordafrika von den Mauren zu befreien, doch sie werden wieder fallengelassen. Als die Wiedereroberung Spaniens ihr Ziel erreicht, hat sich die Sehnsucht einer ganzen Epoche erschöpft. Wichtiger als das noch weitere Zurückdrängen des Islams wird es nun, neue Wege zu den reichen Gewürzkammern Indiens zu finden. Seit der Eroberung Konstantinopels durch die Muselmanen sind die traditionellen Karawanenwege Europas in den Osten verriegelt. Keine dreißig Tage nachdem Granada erobert wurde, wird deshalb schon dem Genueser Kapitän Christoph Columbus auf der Alhambra von Fernando und Isabel der königliche Auftrag erteilt, einen westlichen Seeweg nach Indien zu erforschen, »den vorher noch niemand begangen hat, in die indischen Länder und zu dem Fürsten, der der große Chan genannt wird«. So wird noch im Jahr der Vertreibung der Juden aus Spanien hinter dem Ozean eine neue Welt entdeckt. Seither ist die Erde keine Scheibe im Herzen des Universums mehr, sondern ein kleiner verlorener Planet, der durch das Weltall kreist.

Die »Reconquista«, die Wiedereroberung Spaniens aus der Hand der Muslime, geht damit fast übergangslos in die »Conquista«, in die Eroberung Mittel- und Südamerikas über, wo die Steinzeitkulturen der Indios in nur einer Generation unter den Stahlklingen der Spanier zusammenbrechen. Es geht so schnell, daß nicht einmal der Schlachtruf auf den Lippen der Spanier wechselt, die gegen die Azteken wie gegen die Inkas den heiligen Jakob um seinen Beistand anrufen, der ihnen zu so vielen Siegen über die Mauren verholfen hatte: »Santiago! Santiago!«

In der alten Welt aber folgt dieser Entdeckung eine explosive Revolution aller Wissenschaften und Künste – in Literatur, Musik, Malerei. Die ersten modernen Romane entstehen, die ersten Porträts in modernem Sinn. Zuverlässiger als durch Geschichtsbücher läßt sich in vielen Gemälden der Weg vom Beginn der Neuzeit bis in das zwanzigste Jahrhundert hinein verfolgen.

Florenz, Weimar, Boston, Springfield

Der Gedanke der Gottesstadt wird nach Amerika gebracht.

Stellen wir uns als Galerie solch kollektiver Erinnerungen eine endlos lange, helle Renaissancehalle vor, wo wir uns einige dieser Gemälde anschauen wollen, vielleicht mit einer Gruppe von Götterstatuen links und rechts des Eingangs. Denn die Götter waren natürlich nie ausgestorben in Europa. In der Renaissance wird ihre Wiedergeburt wieder offen gefeiert, von Artemis bis zu Athene. Seither kehren die alten Götter überall mit Macht zurück: die Göttinnen der Nationen, der Vernunft oder des Schicksals. Schon Machiavelli versteht die Geschichte wieder rein zyklisch, heidnisch, antik. Über die Heilige Stadt am Ende einer Heilsgeschichte könnte er nur lächeln. Er wird jetzt zum Propheten einer neuen Politik. Trotzdem bleibt unsere Geschichte in ihrem Kern noch lange Zeit Kirchengeschichte.

Das läßt sich in allen wichtigen Museen überprüfen. Die erste Kunst Europas zeigt nur christliche Bilder, meist mit jüdischem Personal. Es ist ein eng verwandter Bilderbogen der Bibel von Hamburg bis Palermo: die Verkündigung, die Heimsuchung, die Krönung Mariens, das Abendmahl oder die Kreuzigung Christi. Und immer wieder das himmlische Jerusalem. Es ist ein Kosmos und doch ein relativ enger Kanon, aus dem sich erst allmählich die Bilder unserer heutigen Welt herauslösen. Vor einer grandiosen Kreuzigungsdarstellung Lucas Cranachs bleiben wir stehen. Ein beleibter Augustinermönch steht dort anstelle des Apostels Johannes unter dem Kreuz mit der Darstellung eines Heerlagers der Israeliten hinter seinem Rücken, das auch ihn wieder als neuen Moses der Christenheit ausweisen soll, wie tausend Jahre zuvor schon den Mönchsvater Benedikt. Nicht Kaiser, Könige oder Heerführer, sondern dieser Priester, Dr. Martin Luther, erschüttert Europa schließlich bis in die Grundfesten. Mönchsgezänk spaltet den Kontinent. Plötzlich gibt es zwei Kirchen im Westen, dann drei, vier, fünf. Es ist eine Kettenreaktion. Als die Kirche einmal gespalten ist, haben die Reiche und Staaten in ihr kaum noch einen Gegenspieler von Gewicht.

Nun zerfällt Europa in Nationen. Das »saumlose Gewand Christi«, als das sich die Reiche und Königtümer des Abendlands gemeinsam verstanden haben, hängt in Fetzen. Es hilft nicht, daß dieses Gewand in der Helena-Basilika in Trier noch aufbewahrt und verehrt wird. Gerade in Deutschland zerfällt die mittelalterliche »Communio« immer weiter in seine alten Stämme, Städte und Häuser, bis die Franzosen bald nur noch von »Les Allemagnes«, den »Deutschländern«, östlich des Rheins sprechen.

Das allerchristlichste Frankreich spaltet sich politisch als erstes von der Christenheit ab. 1536 paktiert es mit den Türken gegen das »Heilige Römische Reich«, das im Jahrhundert zuvor den Zusatz »Deutscher Nation« bekommen hatte.

Wir schlendern weiter, bis wir schließlich vor einem eher simplen Karton ankommen – einem kleinen Segelschiff vor Anker, einem Ruderboot am Ufer und schwarzgekleideten Männern und Frauen, die ans Ufer waten. »Mayflower, December 11th 1620«, steht darunter auf einem Messingschildchen.

Als in Europa nur noch wenige Schwärmer der Herabkunft des himmlischen Jerusalems entgegenhoffen, bringen diese belächelten Pilgerväter den alten Gedanken der Gottesstadt zu Beginn des Dreißigjährigen Krieges in die Neue Welt in Sicherheit. Danach entsteht hier die erste revolutionäre Republik, als »Shining city on the hill« für ein universales Volk aus allen Völkern. So wird Amerika zum jüngsten Anbau des europäischen Hauskomplexes – der atlantische Seitenflügel mit seinen tausend Terrassen, Balustraden und Kiosken, strahlender als jede Krone des alten Hauptgebäudes.

Auf einem jüngeren Gemälde ist ein »Historical Monument of the American Republic« mit zehn mächtigen Türmen wie die letzte Steigerung der mittelalterlichen Darstellung des himmlischen Jerusalems errichtet worden. Man weiß gar nicht, wohin schauen vor lauter Türmen. »Du wirst lachen«, lesen wir in einem Brief des Schriftstellers Leo Perutz, den er aus seinem Exil in Palästina einem anderen exilierten Freund nach Argentinien geschrieben hat, »aber diese Pilgerväter waren tatsächlich Zionisten auf der Wanderschaft nach dem neuen Jerusalem.« New York am Hudson wurde zu einem Jerusalem des Exils der europäischen Judenheit. Vielleicht aber auch nicht. Denn »mit der Entdeckung Amerikas«, sagte vor zweihundert Jahren der Gaon von Wilna in Litauen an der Ostsee, »ist die Zeit des Exils an ein Ende gekommen.«

Mit der Entdeckung Amerikas war endlich ein Raum eröffnet worden, in dem Juden fortan so frei und sicher leben konnten wie nirgendwo zuvor, vor allem freilich in der angelsächsischen Welt – seit der puritanischen Revolution, deren Triebkräfte nicht ökonomisch, sondern ganz und gar biblisch waren.

London, Januar 1649

Die Puritaner in England schaffen ein »Parlament der Heiligen«.

»Nie zuvor und nie nachher hat es in Europa eine Nation gegeben, die so judäochristlich dachte wie England im siebzehnten Jahrhundert«, lese ich dazu in einem Brief von Hannes Stein, einem Freund aus Jerusalem. »In jeder Kneipe und Kirche wurde über die richtige Auslegung der Schrift debattiert. In den Häusern der Armen hingen Stofftapeten, die mit biblischen Szenen bemalt waren. Populäre Balladendichter und Flugblattschreiber benutzten das Alte Testament als Rohmaterial, sie deuteten mit seiner Hilfe die aktuelle Politik. Bibeltexte wurden an Türpfosten geschrieben und dienten als Wandzeitungen. Zudem erfüllte die Bibel dieselbe Funktion wie in späteren Jahrhunderten die Schundliteratur.« Welcher Roman, welches zeitgenössische Buch konnte es schon mit so aufregenden Erzählungen wie der von Noah und der Arche, Joseph und seinen Brüdern, Jonas und dem Walfisch, Samson und den Philistern, David und Goliath aufnehmen? Die Geschichte Europas war mit Beginn der Neuzeit nicht nur Kirchengeschichte geblieben, seit der Reformation in Deutschland hatte sich diese biblische Identifizierung noch weiter verschärft. Das moderne Europa ist aus Religionskriegen hervorgegangen.

Kaum einer hatte den Papst und die katholische Kirche feuriger gegen die Vorwürfe und Angriffe Dr. Luthers verteidigt als Heinrich VIII. von England, der vielleicht gebildetste Renaissancefürst seiner Zeit. »Was ist das für ein höllischer Wolf, der die Herde Christi zu zerstreuen und die Glieder Christi von ihrem Haupte abzureißen sucht!« lesen wir in einer seiner Streitschriften aus dem Jahr 1521. »Wie verdorben ist nicht das

Herz, wie verflucht die Pläne dessen, der die begrabenen Trennungen wieder hervorkramt, die alten mit neuen vermehrt und die Ketzereien, die in der ewigen Finsternis hätten bleiben sollen, wieder ans Licht bringt? Wer sich selbst für jemanden hält, nach dessen Wort alles neu eingerichtet werden soll, ungeachtet aller Weisheit der Alten und ihrer Überlieferung!? Bis jetzt hat Luther geleugnet, daß die päpstliche Gewalt von Gott komme, und gesagt, sie stamme von Menschen. Jetzt ist er sogar mit sich selber uneins. Jetzt behauptet er, sie komme von keinem von beiden und der Papst habe sich diese Gewalt eigenmächtig angemaßt.« Und so weiter und so fort. Die Erfolge des Reformators hatte aber dieser »Verteidiger des Glaubens« genausowenig verhindern können wie der Papst.

Dreizehn Jahre später waren es indes keine theologischen Spitzfindigkeiten mehr, sondern da bedurfte es nur der Weigerung Papst Clemens VII., die Ehe seines königlichen Mitstreiters zu annullieren, daß sich England gleich *in toto* von der lateinischen Christenheit abspaltete. Als Antwort auf die Absage des Papstes löste Heinrich VIII. nicht nur eigenmächtig seine Ehe, sondern gleich auch noch die ganze Kirche Englands von Rom und setzte sich selbst mit einem Federstrich als ihr Oberhaupt ein. Kein Zar in Rußland und kein Landesfürst der »Deutschländer« hätte es zuvor wagen können, so mit der Kirche umzuspringen. Die Zeiten hatten sich geändert. Der Ehe mit Catherina von Aragón ließ das neue Kirchenoberhaupt noch fünf weitere folgen, die er teils durch Hinrichtungen, teils durch natürlichen Tod und teils durch Scheidung beendete. Der alten römischen Kirche schenkte er mehrere Heilige als Märtyrer zurück, angefangen mit seinem Kanzler Thomas Morus, den er für dessen Weigerung, seine Oberhoheit über die Kirche anzuerkennen, auf das Schafott schickte.

Es brauchte nicht lange, bis diesem König und seinen Nachfolgern Gegner nachwuchsen, die die neue »anglikanische« Staatskirche und die Willkür ihrer Häupter ebenso in Frage stellten, wie es Rom in den Jahrhunderten zuvor erfahren hatte. Hundert Jahre später bekommt König Charles I. in den Puritanern solche zu allem entschlossene Gegner.

»Diese puritanischen Revolutionäre identifizierten sich voll und ganz mit den Juden«, schreibt Hannes Stein weiter, »für viele Gebildete gehörte es zum guten Ton, Hebräisch zu sprechen, manche kannten sich auch ein wenig im Talmud aus. Es gab Apokalyptiker unter ihnen wie die Fifth Monarchy Men, die das Ende der Geschichte herbeisehnten. Es gab Kommunisten wie die Wiedertäufer, die mit Terror das Himmelreich auf die Erde zwingen wollten. Es gab Anarchisten wie die Quäker, die Gebete anderer Gläubiger durch prophetisches ›Zungenreden‹ störten. Es gab Demokraten wie die Levellers, die von der Beseitigung der feudalen Standesunterschiede träumten. Es gab Baptisten. Es gab Brownisten. Es gab Hunderte von Sekten und Grüppchen. Alle waren sie überzeugt, daß Gott mit England einen Bund geschlossen habe, daß sie das neue Gottesvolk seien. Man verglich Charles I. mit den gottlosen Königen Israels, von denen es in der Bibel nur so wimmelt: mit Ahab, Menasse, Jerobeam. Prediger versprachen den Puritanern: ›Ihr zieht jetzt aus Ägypten aus und ins Gelobte Land ein.‹ Ägypten stand schon bald als Metapher für das, was man aus tiefstem Herzen ablehnte – die anglikanische Bischofskirche und den Absolutismus.«

So nimmt es nicht wunder, daß auch in England bald wieder ein neuer Moses begrüßt wird, der das Volk – zumindest seine Anhänger – aus der Sklaverei Ägyptens in die Freiheit führen soll. In England heißt er Oliver Cromwell, der als Generalleutnant eine unbesiegbare Reiterarmee kommandiert. Diesem Mann erteilt das Parlament im schließlich ausbrechenden Bürgerkrieg den Auftrag, eine neue Streitmacht auf die Beine zu stellen. »Sie wurde New Model Army genannt«, erzählt Hannes Stein diese Geschichte zu Ende, »und unterschied sich grundsätzlich von den hastig zusammengetrommelten Heeren, wie sie damals in Europa üblich waren. Sie wurden regelmäßig bezahlt, sangen Hymnen vor der Schlacht und schonten entgegen allen Gebräuchen die Zivilbevölkerung – leider mit der Ausnahme ihrer barbarisch-kolonialistischen Irlandexpedition. Cromwell nahm in die New Model Army jeden auf, der mit Waffen umzugehen verstand. Wenn es eine Kraft gab, die verdient, demokratisch genannt zu werden, so war es Cromwells Streitmacht. Der Bürgerkrieg endete damit, daß die Armee die Königstreuen aus dem Parlament hinauswarf, das House of Lords abschaffte und dem König den Prozeß wegen Hochverrats machte. Am 30. Januar 1649 wurde Charles I. mit dem Handbeil hingerichtet. Auch den Königsmord rechtfertigten die Puritaner mit der Bibel. Sie argumentierten so: Hatte nicht Jehu, der Prophet, den gottlosen Joram mit einem Pfeil getötet? Mithin gab es ein Recht, das mehr wog als der Gehorsam: Gott billigte den Tyrannenmord. Nach diesem Mord beschloß das von den Offizieren eingesetzte ›Parlament der Heiligen‹ freilich soziale Reformen, die ihrer Zeit weit voraus waren. Die Strafgesetze sollten humanisiert werden. Die Todesstrafe, die bisher für Bagatelldelikte gegolten hatte, wurde nur noch in Fällen von Mord und Verrat verhängt. Später bemühte sich eine Junta puritanischer Offiziere, eine geschriebene Verfassung zu schaffen, die erstmals in der Geschichte so etwas wie Gewaltenteilung vorsah. Nach Cromwell schrieb die Bill of Rights für allezeit den Vorrang des Parlaments vor den gekrönten Staatsoberhäuptern fest. So kam es, daß England im achtzehnten Jahrhundert zum aufreizenden Vorbild wurde. Die europäischen Intellektuellen pilgerten nach London, als sei es Jerusalem. Etwas Neues war in der Welt: die Demokratie von Gottes Gnaden. Oliver Cromwell regierte schließlich diktatorisch. Auf seinem Sarkophag aber ließ er noch einmal seinen Wahlspruch anbringen: ›Christ, not Man, is King!‹«

Potsdam, Dezember 1770

Der Preußenkönig schreibt eine Satire über das himmlische Jerusalem.

Im Seitenflügel seines bezaubernden Rokokoschlosses entwirft der Preußenkönig Friedrich II. eine Satire auf das »Himmlische Jerusalem« – auf französisch natürlich, »La Jérusalem Céleste«, seinem Freund Voltaire gewidmet, dem er den Schwank in die Schweiz zusenden will.

Mit seinem Schlachtruf gegen die Kirche, »Écrasez l'infâme! Löscht die Verruchte aus!«, hatte Voltaire ein neues Kapitel der Geistesgeschichte Europas aufgeschlagen. Dem wollte der geistreiche König, in dessen Reich jeder nach seiner eigenen Façon selig werden durfte, noch ein Aperçu auf knapp vier Blatt anfügen.

Gerade sei dem Philosophenkönig ein Geist erschienen, erfahren wir da, und »als meine Verzückung wich, erblickte ich eine große Stadt. Die war, wie mir schien, mit Menschen bevölkert, die der Drachensaat des Kadmos entsprossen waren; denn sie verfolgten sich alle. Und ich fragte nach dem Namen der Stadt. Und sie antworteten mir, getauft ist sie Zion, aber eigentlich heißt sie die *Verruchte.* Und der Stoff, daraus sie gebaut war, glich mitnichten dem, daraus wir unsere Städte errichten. Und ich fragte den Geist: ›Was ist das?‹ Und der Irrwisch antwortete: ›Die Grundmauern bestehen aus Hirngespinsten, der Mörtel ist aus Wundern gemischt, diese Quadersteine stammen aus dem Steinbruch des Fegefeuers und jene glänzenderen aus den Ablässen.‹ Ich, der ich nichts von diesem Kauderwelsch verstand, betrachtete den Bau der Stadt. Sie war befestigt, wie es im Altertum Brauch war, etwa so, wie man Babel darstellt. Ringsum liefen starke und hohe Mauern mit vorspringenden Türmen, die hießen: Turm der Dummheit, Turm der Vorurteile, Turm des Aberglaubens, Turm des Fanatismus und schließlich Turm des Teufels. Der sollte der größte sein.«

Doch dank der Göttin der Vernunft soll diese Stadt nicht mehr länger über anderen herrschen. Unter der Feder des Königs sehen wir nun ein Volk nach dem anderen in einem apokalyptischen Endkampf gegen diese dunkle Zwingburg rennen und ihr eine Vorstadt nach der anderen abnehmen. Alle großen Ketzerbewegungen des Mittelalters formieren sich nacheinander zum Sturm auf die Mauern Zions – die Waldenser, die Wicliffisten, die Taboriten, die Utraquisten, die Sozinianer. Doch die Verruchte mag und mag nicht fallen. Erst den letzten und jüngsten Sturmtruppen der Enzyklopädisten gelingen schließlich die entscheidenden Schläge, unter Führung des unsterblichen Helden »François-Marie Arouet de Voltaire (hätte er noch mehr Namen, er würde sie alle unsterblich machen)«.

Das war dann das Ende der Verruchten, wenn auch noch nicht ganz und gar. Doch »zur Verteidigung der Stadt blieben nur noch alte, abgelebte Weiblein und der ärgste Pöbel zurück. Die Türme der Dummheit und des Teufels standen zwar noch, aber die gelockerten Steine fielen allenthalben herab.« Voila! Soweit der alte Fritz.

Paris, Januar 1793

In Frankreich fällt der letzte mit heiligem Öl gesalbte Königskopf.

Dicht an dicht drängt sich auf einem häuserumsäumten Platz eine totenstille Menschenmenge. Ein Henker hält den abgeschnittenen Kopf des letzten gesalbten Königs der Franzosen an den Haaren in die Höhe. Jeder Obskurantismus und Götzenkult soll radikal mit seinem Tod abgeschafft werden, zusammen mit dem Götzendienst an den »allerchristlichsten Königen« Frankreichs. Doch nur einen Schritt hinter der Guillotine steht schon eine noch fürchterlichere Göttin bereit, als wolle sie sich von dem noch warmen Blut des Königs und seinem schließlich immer anmaßender gewordenen Anspruch des Gottesgnadentums nähren: La Nation. Im nächsten Jahr wird diese Göttin in Frankreich offiziell das Christentum abschaffen und zusammen mit einer neuen Zeitrechnung durch einen »Kult der Vernunft« ersetzen.

»Die verdammten Pfarrer sind schuld an der Revolution!« hatte es 1789 am Hof von Versailles noch geheißen. Das stimmte nur teilweise. Denn tatsächlich hatte keiner die Revolution so vorangetrieben wie die absoluten Monarchen selbst. Sie waren es gewesen, die die feudale Gesellschaftsordnung längst zerstört und die vornehmsten Fürsten Frankreichs zu Pißpottträgern am Hof erniedrigt hatten. Die älteste Nationalkirche des Westens seit Chlodwig hatten sie in eine belanglose Hauskapelle der Sonnenkönige umgewandelt. Sie wähnten sich noch als Könige allein von Gottes Gnaden, als in England schon seit hundert Jahren die erste Demokratie von Gottes Gnaden wirkte. Sie waren selbstherrlich bis zum Blödsinn geworden. Sie hatten alles vergessen: das Volk, den Adel, die ganze Geschichte seit der ersten Salbung Sauls im fernen Palästina. Sie waren völlig geschichtsvergessen geworden.

In diesem Moment fegten nun in Frankreich ironischerweise nicht etwa kämpferische Christen, sondern die neuen Freigeister und Philosophen diese Herrschaft mit dem in Vergessenheit geratenen Ruf nach »Freiheit, Gleichheit und Brüderlichkeit« hinweg, der noch aus der Zeit stammte, als die Israeliten vor der Sklaverei der Götter und Pharaonen Ägyptens geflohen waren. Wie in England war es also auch hier das alte Dynamit der Bibel, das gegen die Hauskapelle der französischen Könige explodierte. Doch hier hatten Atheisten, wie es schien, das verwaiste Erbe der himmlischen Stadt angetreten. Sie vertreten seither den Begriff der Aufklärung, für die am Anfang der Geschichte die Propheten Israels ihr Leben aufs Spiel gesetzt hatten. Der »Wohlfahrtsausschuß« ließ die Köpfe rollen. Die Vormunde der ersten Fürsorge- und Wohltätigkeitsdiktatur schufen auch schon die ersten grotesken Wortverdrehungen der Neuzeit.

Wien, August 1806

Das Heilige Römische Reich, dessen erstes Vorbild die himmlische Stadt gewesen war, kommt an sein Ende.

Bayerische Soldaten legen mit alten Codices einen Pfad durch ein Sumpfgebiet von einem Kloster zum nächsten an. Das ist die deutsche Kulturrevolution – nach dem letzten Beschluß, den das Heilige Reich noch gefällt hat. Als Entschädigung für die Zerstörungen durch die Revolutionsheere der Franzosen geht hier alles Kirchengut an die Fürsten, Städte und Könige über. Fuderweise werden im strengen Winter 1803 die Schätze unserer Geschichte als Brennmaterial an die Bauern verkauft. Das Beispiel dieser Revolution macht im darauffolgenden Jahrhundert in Europa Schule, danach in der ganzen Welt, das heißt diese Totalrasur jeglicher Tradition, dieses Abbrennen aller Speicher der Geschichtserkenntnis zurück auf Null.

Mit dem Instrument der revolutionären Armeen Frankreichs hatte der korsische General Bonaparte zuerst die französische Revolution selbst und dann das feudale Europa liquidiert. Am 18. Brumaire – dem 9. November 1799 – hatte er das bürgerliche Zeitalter der Moderne begründet, unsere Zeit. »Wir haben den Roman der Revolution beendet!« verkündete er, als er das Direktorium in einem Handstreich stürzte und den alten Kalender wieder einführte. Am 18. Mai 1804 drückt er sich im Altarraum der Kathedrale Unserer Lieben Frau von Paris den Lorbeer der römischen Imperatoren ins Haar, als »Napoleon I. Kaiser der Franzosen«. Es ist der Höhepunkt seiner schwindelerregenden Karriere. Doch er will noch höher hinaus.

Da tritt uns in Wien ein Mann entgegen, der ein bißchen Andy Warhol gleicht, so blond, so allein, so melancholisch, so hochmodern, allerdings in perlenbesetzten Pantoffeln, in priesterlichen Gewändern, mit der Adlerstola, einem schweren Rauchmantel, in der Rechten ein Szepter, in der Linken den Reichsapfel und auf dem Kopf die Krone Ottos des Großen, das ehrwürdigste Diadem Europas: Franz II., der letzte Kaiser des Heiligen Römischen Reiches Deutscher Nation.

Als Napoleon auch noch nach dieser Krone griff, löste er dieses zweite Römische Reich endgültig auf. Nur ein einziges Menschenopfer ist bei diesem Untergang zu beklagen. In Nürnberg wird der Buchhändler Palm wegen seiner Schrift »Deutschland in seiner tiefsten Erniedrigung« von den Franzosen erschossen.

Das war das Ende dieses Reiches, das einmal als Heilige Stadt entworfen worden war. Was Europa wesentlich ausmacht, das war in diesem Reich am längsten verkörpert gewesen. Bis zum Schluß war es kein Staat im heutigen Sinn geworden. Kein Haus war europäischer, keins internationaler als dieser Bau in der Mitte des Kontinents, in dem damals aber vor allem nur noch Deutsche wohnten, die sich dessen inzwischen schämten. Auch sie wollten jetzt einen Staat haben wie alle anderen Völker, eine Klinge, so scharf wie der Degen Napoleons.

Sie hatten ihre Geschichte schon vergessen, als dieses Haus zusammenfiel. Aber sie merkten es kaum, weil sie sahen, daß dieses Heilige Reich, dieses kleinstaatliche Monstrum mit seinen kuriosen universalen Ansprüchen, dieser Rest des Mittelalters und der alten Römer, zum Gespött der Welt und zum Spielball der Feldherren geworden war. Sie hatten genug von der »Apostolischen Majestät«, der die Zähne fehlten. Den österreichischen Rest dieses Reichs werden die Nationalisten Ungarns, Böhmens, Kroatiens, Sloweniens und Mährens noch hundert Jahre lang als »Völkergefängnis« beschimpfen. An seinem Ende hatte das Römische Reich keinen mehr, der es verteidigen wollte, und keinen, der es betrauerte. Der trügerische Glanz des Napoleonischen Großreiches beleuchtete fahl seinen Untergang, eine flüchtige Schimäre, die sich von Madrid bis Moskau spannte. Es ist ein Trümmerfeld, für das auf dem Wiener Kongreß ein gewisser Friedrich Gentz erstmals das Wort vom »europäischen Haus« prägen wird, um das historische Vakuum notdürftig neu zu umkleiden, das der Korse hinterlassen hat.

Versailles, Januar 1871 und Juni 1919

Zwei Versammlungen, keine fünfzig Jahre auseinander, im selben Raum.

Der Saal ist an allen Wänden mit Spiegeln und Kristall verkleidet. Er ist voll preußischer Offiziere, Säbel, wohin der Blick schweift, blankpoliertes Leder, Oberste, Generäle und Adjudanten, Sporenklirren über spiegelblankem Parkett. In der Mitte steht erhöht der preußische König, auch er in Uniform, Hochrufe um ihn herum, militärischer Jubel. Am Fenster schauen einige Franzosen nach draußen, blaß. Kein heiliges, sondern ein deutsches Kaiserreich ist hier gerade gegründet worden. Mit dem Absatz auf dem Nacken ihrer Todfeinde haben die Deutschen bei Paris, tief im Feindesland, ihren ersten Nationalstaat aus der Feuertaufe des Krieges von 1870/71 gehoben: das zweite deutsche Reich.

Unser Blick schweift hinaus über die großen Gärten Europas: das Elsaß, die Ardennen, die ewig weiten Täler der Champagne, die Picardie. Es sind Gärten, in denen sich der christliche Geist in den Kathedralen einmal so prächtig wie nirgendwo sonst mehr in Europa emporgeschwungen hatte, in Straßburg, Reims, in den Merowinger- und Karolingerstädten Soissons und Laon, der Capetingerstadt Noyon oder in Amiens an der Somme mit der größten fertiggestellten Kathedrale Frankreichs bis zu den Deichen von Valéry-sur-Somme. Doch jetzt sind die Türme dieser alten Kathedralen Beobachtungsposten am Rand des Abgrunds geworden. Die Krönungskathedrale der französischen Könige in Reims wird so beschossen und in Brand gesetzt, daß ihr das kochende Blei des Dachs die alten Wasserspeier verstopft. Die Äcker und Felder werden zu Gärten des Todes, auf denen die Blüte Europas zur Schlachtbank geführt wird. Die Gegend wird übersät mit Heldengräbern. In den Hügeln vor Verdun und den Sümpfen der Somme hinter Amiens kommen zwei Millionen junge Männer der drei oder vier zivilisiertesten Nationen der Welt in einem einzigen Sommer und Herbst in der blutigsten Schlacht der Menschheitsgeschichte um, Franzosen, Deutsche, Engländer – Menschen der gleichen Kultur, derselben Christen- und Judenheit, deren Kühnheit einmal die Welt in Staunen gesetzt hatte, mit Feldpriestern und Rabbinern der gleichen Glaubensüberzeugungen auf beiden Seiten der Front. Etwa vierzig Millionen Granaten gehen auf dem Schlachtfeld von Verdun nieder. Nie zuvor hat sich ein Erdteil so zerfleischt.

Am Ende dieser Schrecken wird der Blick noch einmal zurück in den großen Spiegelsaal geworfen, der nun mit kalt schauenden Franzosen gefüllt ist, in Paradeuniformen, und Deutschen in Zivil, diesmal sie blaß, die hier ein dickes Papier unterzeichnen, in dem sie nun, keine fünfzig Jahre nach ihrer Reichsgründung, das Eingeständnis der Alleinschuld am Ausbruch des Großen Kriegs unterzeichnen. Ihr Kaiser ist nach Holland geflohen; sie sehen vollkommen verlassen aus. Fünf furchtbar verstümmelte Soldaten sind mitten in den Spiegelsaal plaziert worden, ohne Augen, Münder, Nasen, die der französische Chefdelegierte vorhin unter Tränen begrüßt hat. Doch die Vertragsbedingungen, die er danach den Deutschen zur Unterschrift vorgelegt hat, sind so unhaltbar, daß selbst dem französischen Marschall Foch die düstere Ahnung kommt: »Das ist kein Friede, das ist nur ein Waffenstillstand für zwanzig Jahre.«

»Vergebung und immerwährendes Vergessen« hieß im Jahre 1648 noch die Kernformel des Friedens, mit der der Dreißigjährige Krieg endlich beendet werden konnte. Wie sonst hätte sich damals das Feuer des Hasses austreten lassen? Von jener Formel ist in diesem Raum keine Rede mehr.

Berlin, August 1918 und Januar 1942

Eine Villa am Stadtrand mit zwei Empfängen.

Die neue Villa würde der Residenz eines Botschafters alle Ehre machen; Schrecken des Krieges hat sie nie gesehen. Frischer Kies knirscht auf der Kutscherauffahrt. Vierunddreißig Fenster zieren über drei Etagen die ausladende Vorderfront, dazu üppig bepflanzte Blumenkästen an jedem Fenster des ersten Stocks, vier korinthische Säulen stützen den elegant vorspringenden Portikus. Ein gepflegter Park säumt den Weg von der Straße hin zum Hauptportal, das sich gleichsam hinter herrlichem Baumbestand versteckt. Hinter dem Haus glitzert Wasser durch einen zarten Birkenvorhang in der Sonne, mit Segelbooten wie mit Wimpeln zum Sonntag geschmückt.

Ein Dienstmädchen mit weißem Häubchen hat die Tür geöffnet. Der Duft von echtem Bohnenkaffee durchzieht das Treppenhaus. Die Gäste schauen sich noch die große gerahmte Fotografie des Kaisers neben der China-Vase im Flur an, als der Hausherr schon auf dem oberen Absatz erscheint, ein Hüne mit riesigem Schnurrbart und tadellosem Schneideranzug. Er lacht dröhnend, als er die Arme weit ausbreitet: »Schabbat Schalom, Kameraden! Was kann ich euch anbieten?« Es ist ein volles Haus heute abend. Gern sind die Nachbarn der Einladung des Hausherrn zu einem patriotischen Herrenabend gefolgt. Rudolf Bitter ist erschienen, der Präsident der preußischen Seehandlung, Arthur Tuchmann, der Industrielle, Ferdinand Springer und Karl Langenscheidt, die Verleger, Oscar Begas und Hugo Vogel, die Künstler, und vor allem Max Liebermann, der größte unter ihnen, der heute ein neues Gemälde präsentiert: »Der Garten des Künstlers in Wannsee«, das so aussieht wie der Garten dieser Villa zum

Ufer hin: die sonnendurchfluteten Birken, die Boote an den Stegen, das frische schattige Grün des Ufers.

Es ist der Sommer 1918. Es ist immer noch Krieg, an der Front hat das Ende angefangen. Doch dieses Bild könnte nicht friedlicher sein und auch nicht dieser gepflegte Herrenabend. Bis spät in die Nacht geht das Beisammensein. Bald werden Zigarren gereicht und Cognac aus den französischen Eroberungen. Der Rauch wird so dicht, daß die Flügeltüren zu der breiten Terrasse geöffnet werden müssen. Das Gespräch dreht sich um die revolutionären Zustände in Rußland, die Siegeszuversicht von der Front und immer wieder die Rettung Deutschlands in dieser dramatischen Zeit. Einige der Juden unter den Gästen, die in der langen christlichen Geschichte Europas keine Christen geworden waren, hatten jetzt mit den entzweiten Christen und neuen Heiden mitten in Europa das Deutsche Reich zur führenden Kulturmacht aufsteigen sehen, nach ihrer Meinung zu einer Leuchte der Welt. Hier hatte es nie eine Dreyfus-Affäre gegeben und seit dem Mittelalter keine Pogrome mehr. Wo ließ es sich als Jude besser leben als im Land der Dichter und Denker? Welches Land war verteidigungswerter?

Vierundzwanzig Jahre später sehen wir hinter den hohen Flügeltüren Männer in grauen und schwarzen Uniformen – auch sie mit Cognacschwenkern, Zigaretten und Zigarren in der Hand. Ihre Gespräche scheinen angeregt; ihre Stimmen sind bis auf die Terrasse hinaus zu vernehmen.

Es ist wohl ein kleines Fest, zu dem der gepflegte und offensichtlich hochbefriedigte Offizier in ihrer Mitte zwölf Größen des Reiches für diesen Januartag eingeladen hat – zu einer »Besprechung mit anschließendem Frühstück«, wie es auf den Einladungskarten hieß. Es hatte Probleme bei gewissen Aktionen im Osten gegeben. Die große Aufgabe war mit der hergebrachten Technik nicht mehr zu bewältigen, auch die nötige Geheimhaltung war nicht mehr zu gewährleisten. Die

Koordinierung der zentralen Planung in Berlin mit der lokalen Organisation führte immer wieder zu grotesken Kollisionen. Neue Richtlinien mußten gefunden werden. Es gehe immerhin um die geeignete Behandlung von über elf Millionen »weltanschaulicher Gegner« aus allen Ländern Europas, den »Rassegenossen« der »Drahtzieher des Bolschewismus und der Vernichtung der Religion«.

Anderthalb Stunden hat die Konferenz nur gedauert, vor allem durch den eloquenten, gut vorbereiteten Vortrag des Sturmbannführers der SS Heydrich. Sachliche Einwände sind so gut wie nicht vorgebracht worden. Es hat auch keinen Tagesordnungspunkt gegeben, der nicht einvernehmlich geregelt werden konnte. Nein, es ist kein Kampf gewesen. Gerade wird im Nebenzimmer schon das Protokoll angefertigt.

Sturmbannführer Heydrich ist noch jung, gerade siebenunddreißig Jahre alt. Es ist ein Höhepunkt seiner Karriere. Jetzt, mit dem freudig geröteten und erleichterten Gesicht, sieht man ihm kaum noch an, wie gnadenlos ehrgeizig er ist. Da Himmler, der Reichsführer der SS, aller Voraussicht nach auch in zehn Jahren noch sein Vorgesetzter sein wird, hat er sich mit dem Schachzug dieser Konferenz einen Lieblingsgedanken des Führers zu eigen gemacht – als selbsternannter Generalbevollmächtigter. Dieser Hilfsdienst wird gewiß nicht übersehen werden. »Unsere Ehre heißt Treue!« lautet der Wahlspruch der SS. Darum läßt er in einem letzten Toast auf den Treuesten der Treuen noch einmal Cognac nachschenken.

Deutschland, 1933 – 1945

Das Dritte Reich.

Der Raum sieht wie ein großes Theater aus, doch in welche Vorstellung, in welchen Film sind wir hier hineingeraten? Es muß ein Zusammenschnitt von Wochenschauen sein. Gotische Lettern zittern über die Leinwand: »Das Dritte Reich«. Ein wehender Fahnenwald mit merkwürdigen Kreuzen erscheint. Tausende und Abertausende von Menschen strecken ihren Arm in der alten römischen Segensgebärde zum Himmel, ein endloser Chor von »Heil«-Rufen ertönt – wie nach der Liturgie der Offenbarung des Johannes, wo es heißt: »Und siehe, eine große Schar, welche niemand zählen konnte, aus allen Nationen und Völkern und Sprachen, vor dem Thron stehen und dem Lamm ... schrien mit großer Stimme und sprachen: Heil sei dem, der auf dem Thron sitzt, unserm Gott, und dem Lamm!«

Doch am Anfang dieser Heilsgeschichte sehen wir kein Lamm. Der Führer ist gekommen. Ein Dom aus Licht rahmt ihn ein. Gerade reißt er die Arme in die Höhe und schreit ein Gebet zum Himmel: »Herr, Herr, wir lassen nicht von dir! Nun segne unseren Kampf und unser deutsches Vaterland!« Er ist ein Meister aus Deutschland und gewiß ein Meister der Begeisterung. Licht strömt durch die Fenster in ein helles Zimmer, in dem der Führer vor Besuchern aus der ganzen Welt seinen Tee einnimmt, geschmackvolle Vorhänge fallen erhaben von der Decke bis zum Boden. Es gibt keinen Tisch in dem lichten Raum, den nicht eine Vase mit frischen Blumen schmückt. Schlichte Buchskränze an den Wänden schmeicheln den Augen. Es ist so luftig wie hell in dem Raum, alles scheint befreit von dem abgestandenen Muff und Rauch überladener

Bürgerkammern, ja, hier läßt sich frei atmen, hier möchte man die eigenen Kinder groß werden sehen.

Dann fährt die Kamera durch die Städte und über das Land. Die Menschen lachen, wenn der Führer kommt. Ihre Häuser gleichen Juwelen. Gerechtigkeit herrscht; die Bauern sind befreit worden, die Räuber entmachtet. Er hat die Zeit des »Systems« beendet; die Republik der Schande hat er wieder durch ein Reich der Ehre und Treue ersetzt.

Der Führer besucht die Redaktion des Heftes »Glaube und Schönheit«. Er blättert in ein paar der letzten Ausgaben der Zeitschrift für die jungen Mädels. Wir lesen einige der Titel: »Schock und Schöpfung«, »Kämpfen und Glauben«, »Heim und Zelt« oder »Rein bleiben und reif werden« und, genial einsichtig: »Kraft durch Freude«, »Gemeinnutz vor Eigennutz«. Dichter und Künstler müssen in der Redaktion sitzen. Unter dem Führer ist das himmlische Jerusalem als ein neues München, Hamburg und Berlin Wirklichkeit geworden, als eine in allem überlegene Lebensart, als ein göttliches Reich der Kultur und Form.

Nun sehen wir den Führer in Farbe. Er hat die blauesten Augen der Welt, blauer als die von Hans Albers. Er hat die Gabe des magnetischen Lächelns. Ist er vielleicht der Messias, der zurückgekehrte Heiland? Oder der Antichrist, der nach Joachim von Fiore das dritte Reich ankündigen soll? Immer von neuem beschwört er seinen »geschichtlichen Auftrag«, den er vom Himmel empfangen haben will. Doch da zeigt die Kamera ihn in einem Hinterzimmer, wo er einem würdigen alten Mann eröffnet: »Nichts wird mich abhalten, das Christentum mit Stumpf und Stiel, mit allen Wurzeln und Fasern auszurotten. Nichts! Ob Altes oder Neues Testament, das ist doch alles derselbe jüdische Schwindel.«

Der Mann ist auch ein Meister der Vermischung und Verwischung. »Nationalismus« und »Sozialismus«, »rechts« und »links«, »Himmel« und »Hölle« – aus seinem Mund ist seinen begeisterten Anhängern alles eins geworden.

Am 9. November 1935 sehen wir ihn vor der florentinischen Loggia der Feldherrenhalle in München, wie er die 1923 gefallenen »Märtyrer« seines ersten gescheiterten Staatsstreichs feierlich zu »Aposteln« erklärt. »Ihr seid auferstanden im Dritten Reich!« Der Hintergrund ist fast ausgefüllt von großen roten Fahnen, die turmhoch bis herab auf den Boden hängen. Ästhetischer wird kaum noch eine neue Lehre in Farbe und Szene gesetzt werden. Die Fahne hat der Führer selbst entworfen.

»Mein Wille ist euer Glaube!« steht im neuen Evangelium der Deutschen. Nicht mehr die Wahrheit »Arbeit macht frei«. Gemeinschaft zählt mehr als je zuvor. „Wir sind frei vom Berge Sina, deutsch ist unser heil'ges Land. Juden raus, Papst hinaus, aus dem deutschen Vaterhaus!" schmettern uniformierte Männergesangsvereine in den Straßen. Stichflammen schlagen aus einem byzantinisch anmutenden Jugendstilgebäude, Glas splittert, dunkle Schatten mit langen Stangen schlagen ein Fenster nach dem anderen in einer herrlichen Einkaufsstraße ein, aber keine Polizeisirene ertönt, kein Feuerwehrkommando entrollt seine Schläuche.

SS-Sturmbannführer Heydrich schlendert durch sein Büro, beim Diktat: »An Synagogen wurden 191 in Brand gesteckt«, sagt er und zündet sich eine neue Zigarette an, »weitere 76 vollständig demoliert. Ferner wurden elf Gemeindehäuser, Friedhofskapellen und dergleichen in Brand gesetzt und drei weitere vollständig zerstört. Festgenommen wurden rund 20000 Juden, ferner sieben Arier und drei Ausländer. An Todesfällen wurden 36, an Schwerverletzten ebenfalls 36 gemeldet. Die Getöteten bzw. die Verletzten sind Juden.« Er weiß noch nicht genau Bescheid. Es wurden weit über tausend Synagogen, Gemeinde- und Bethäuser zerstört. Splitterndes Glas begleitete diese Zeitenwende in der Nacht vom 9. auf den 10. November 1938.

Dann wird der Große Krieg von 1914 wiederaufgenommen. Doch auch im Frieden zwei Jahre zuvor hatte der Führer gedroht, den Eltern ihre Söhne zu nehmen. »Das ist die Stimme des Höllenwolfes!« hatte der Privatgelehrte Theodor Haecker damals seinem Tagebuch anvertraut. Winston Churchill erklärt von England aus bei Kriegsausbruch, man werde bis zur bedingungslosen Kapitulation dieses Feindes weiterkämpfen. »Wappnet euch, und seid tapfere Männer, und seid bereit zum Streit: denn es ist besser, im Kampfe umzukommen, als den Frevel anzusehen, der unserem Volk und unseren Altären angetan wird«, zitiert der englische Premier die Bibel gegen das neue Evangelium der Nazis. Goebbels' Stimme beschwört die Soldaten, »wie in einen Gottesdienst« in den Endkampf zu ziehen. »Wir müssen eine Kirche werden!« hatte er der Führung der Partei schon gleich nach der Machtübernahme beschieden.

Wir werden Zeuge eines Verbrechens, wie es die Welt noch nie gesehen hat. In Großaufnahme erscheinen Gesichter, die sich vor Schmerzen die Zungen zerbeißen. Das Volk von Gottes erster Liebe wird güterzugweise auf den Altar dieses »tausendjährigen Reichs« zu einem beispiellosem Mutter- und Brudermord gezerrt. In Weimar steigt Rauch aus dem Buchenwald oberhalb der Stadt Goethes zum Himmel, wo der Dichter »Wandrers Nachtlied« verfaßt hat: »Der du von dem Himmel bist, / Alles Leid und Schmerzen stillest, / Den, der doppelt elend ist, / Doppelt mit Erquickung füllest.«

Am 31. Dezember 1944 ergreift Goebbels im Senderaum eines Berliner Bunkers noch ein letztes Mal das Mikrophon »in dem Bedürfnis, am Ende dieses Jahres zum deutschen Volk über den Führer zu sprechen. Wenn die Welt wirklich wüßte, was er ihr zu sagen und zu geben hat und wie tief seine Liebe über sein ganzes Volk hinaus der Menschheit gehört, dann würde sie in dieser Stunde noch Abschied nehmen von ihren falschen Göttern und ihm ihre Huldigungen darbringen. Er ist der größte unter den Persönlichkeiten. Der Mann, der sich zum Ziel gesetzt hat, sein Volk zu erlösen. Er ist die Wahrheit selbst.«

Der Lichtdom wandelt sich in eine Batterie Flakscheinwerfer zurück, deren lange Finger den Nachthimmel nach bombenschweren Fliegern abtasten. Feuer regnet vom Himmel. Die Mitte Europas verglüht. Die gotischen Städte brennen. Die ottonischen Reichskathedralen stehen in Flammen. Das kochende Blei und Kupfer der Dächer schießt wieder durch die Dämonenmäuler der Wasserspeier und erstarrt in der Luft. Russische und amerikanische Panzer rollen ins Bild. Im gräßlichsten Heimatfilm unseres Jahrhunderts sehen wir Gebirge aus Schuhen, Berge aus Brillen, Goldzähnen und Haaren, Schluchten zwischen Kleidermauern und Landschaften aus Asche.

Dreißig Jahre hat es seit den ersten Schüssen von Sarajevo gedauert, bis Deutschland in der Mitte Europas am Boden liegt. Das europäische Haus ist eine Ruine mit ausgeglühten, gesprengten Gaskammern in seinen Kellerräumen geworden. Nur Trümmer scheinen übriggeblieben von der himmlischen Stadt.

Schaag, 1948 – 1958

Als Kind an der Hand eines Heimkehrers und als Schüler an den Lippen des Lehrers.

Millionen von Flüchtlingen irren in diesen Tagen durch Europa, Vertriebene, Entwurzelte, Entlassene aus den Lagern, die da noch meist »Häftlinge« genannt werden, dazwischen verkleidete Täter, entlassene Kriegsgefangene, darunter mein Vater. Im Sommer 1947 kommt er aus einem amerikanischen Kriegsgefangenen-Camp oberhalb Bensheims an der schönen Bergstraße zu meiner Mutter nach Schaag zurück, in ein kleines Dorf an der deutsch-holländischen Grenze.

Im Mai 1948 kommt am östlichen Mittelmeer in einer revolutionären Renaissance der Staat Israel nach mehr als achtzehnhundert Jahren in die Welt zurück, »als das wahre Herz Europas«, wie der tschechische Dichter Milan Kundera später sagen wird, »aber als ein Herz, das heute außerhalb des Körpers schlägt«, mitten in der islamischen Welt, als ein neues Pulverfaß des blauen Planeten.

In den fünfziger Jahren spielen meine Freunde und ich am liebsten Krieg im Gebüsch hinter unserem Haus, mit Stahlhelmen und Gasmasken, die wir in zusammengefallenen Schützengräben, die den niedrigen Wald an seinen Rändern durchziehen, oder in gesprengten Bunkern oder Minenkratern finden. Wir träumen davon, einmal ein richtiges Skelett zu finden, aber da ist nichts mehr, trotz unserer eifrigen Suche.

In jener Zeit nimmt mich mein Vater erstmals an seiner Hand in die himmlische Stadt mit, sonntags morgens durch das Hauptportal der Annakirche in der Mitte unseres Dorfes am linken Niederrhein. Ich sehe ihn heute noch, wie er in seinem langen Mantel neben mir in einem großen Raum mit hohen

Fenstern an einer Säule lehnt, ein schweigsam gewordener Friseur, ein kleines ledergebundenes Buch in der Hand und von Weihrauchschwaden so umhüllt, als würde er drei Zigarren auf einmal rauchen. Die Kirche ist gedrängt voll. Hier liegt die Heilige Stadt nicht in Ruinen, hier ist sie ein himmlischer Festsaal, erfüllt von herrlicher Musik, Gestalten mit farbigen Gewändern aus dem alten Rom. Zwölf schlanke Säulenbündel tragen den Raum. Ich höre lateinischen Gesang. Licht bricht von rechts oben in scharfen Strahlen durch den sich kräuselnden Rauch.

Vom Wipfel einer alten Eiche am nahen Waldrand aus läßt sich damals von mir noch die ganze Welt überblicken: Wälder und Felder, soweit das Auge reicht, dazwischen wie Segel auf ruhiger See die Kirchtürme der nächsten und übernächsten Dörfer. Die Eisenbahnlinie läuft auf die Grenze zu. In der Zeit habe ich einen wiederkehrenden beglückenden Traum: Ich bin in einem großen Haus und klettere aus einer Kammer durch eine Luke unter der Decke in einen großen Raum hinunter, in dessen Mitte ein Schatz aufgestellt ist. Was ist es? Eine Krone? Ein kostbares Modell? Ein achteckiges steinernes Gefäß? Ich weiß es nicht mehr, die Erinnerung verblaßt. Daneben liegt ein weiterer Raum, mit einem noch wichtigeren, größeren Schatz: der Schlüssel zum Geheimnis dieses Gebäudes. Mich zieht es unweigerlich dort hinein, aber ich bekomme den Raum doch nie zu sehen. Noch in der Gewißheit, gleich, gleich werde ich ihn betreten und den Schatz anschauen dürfen, werde ich jedesmal wach. Mich überfällt diese Vorstellung auch am hellichten Tag, als Ahnung der allernächsten Nähe dieses letzten Zimmers. Mein Lebtag wird mich die Sehnsucht nach diesem Raum nicht mehr loslassen.

Ich ging zur Volksschule, ins Progymnasium und dann nach Aachen, in ein Aufbaugymnasium, wo ich Karl den Großen und seinen Dom kennenlernte, und Herbert Woopen, einen jungen Lehrer und Priester, den ich verehrte, wie man nur als Schüler einen Lehrer verehren kann.

Viel später in meinem Leben schickt er mir seinen Bildband über den Aachener Dom zu, von dessen kostbarer Heinrichskanzel er schon als junger Mann das Exultet des Ambrosius gesungen hatte und wo ich an manchen Sonntagen hatte ministrieren dürfen. Ich blättere ihn durch, vor und zurück, steige in viele Winkel, die ich noch auswendig kenne. Plötzlich, auf der vorletzten Seite, halte ich elektrisiert inne. Da hat mein alter Lehrer das berühmte Lotharkreuz, ein edelsteinübersätes Schmuckstück des Aachener Domschatzes, faszinierend neu in den Blick genommen.

Das Kreuz sei eine Kuriosität, erfahre ich aus dem Begleittext, dessen bronzene Vorderseite eine der frühesten Eingravierungen des toten Jesus am Kreuz enthält. Der Kopf ist seitwärts zur Brust herabgesunken. Der Moment seines Todes ist hier festgehalten, noch vor der Seitenwunde, die ihm die Lanze eines römischen Offiziers beibringt. Eine Hand reicht ihm von oben einen immergrünen Lorbeerkranz auf das gesenkte Haupt herunter, Symbol des Sieges und des unverweslichen Lebens. Die frühen Christen haben ihre Toten auf Lorbeer gebettet. »Das ist der König der Juden«, sagt die Inschrift über dem Haupt. Die Zeichnung ist insgesamt so schlicht, daß Besucher des Aachener Domes oft denken, das Kreuz werde verkehrt herum gehalten, wenn es mit dieser Seite die Prozessionen anführt, mit denen an Hochfesten die Gottesdienste des Domes beginnen.

Denn die Rückseite dieses Bronzekreuzes ist über und über mit Edelsteinen besetzt, daß einem der Anblick schier den Atem verschlägt. Die Kreuzesmitte ist mit einer antiken Kamee geschmückt, die den römischen Kaiser Augustus zeigt. Das ist allerdings nicht der Grund, daß man sie die »Kaiserseite« nennt. So heißt sie, weil auf diese Rückseite die Könige zu blicken hatten, wenn sie nach ihrer Krönung hinter diesem Kreuz in den Dom einzogen. Ich war nicht sprachlos angesichts dieser Pracht, sondern weil uns dieser innerste Gedanke der Geschichte Europas inzwischen so fremd geworden ist:

Den frisch gesalbten Königen des Römischen Reiches in der Mitte Europas wurde nach ihrer Salbung und Krönung immer als erstes dieses himmlische Zion als eine goldene Stadt auf dem Fundament eines Kreuzes vor Augen gehalten. Diese Seite war ihr Programm, das Programm des größten Reiches in Europa. Es war wie ein später Erkenntnissprung des Geschichtsunterrichts, den ich viele Jahre zuvor bei meinem Lehrer genossen hatte.

Da ich mittlerweile als Journalist arbeite, mache ich mich sofort an eine Rezension: »Das Mittelalter fing mit einem Neubau an, in Aachen, wo Karl der Große seine Kirche nach Maßgabe der Apokalypse planen und bauen ließ, bis hin zu dem ottonisch-kaiserlichen Lotharkreuz, auf dessen Rückseite die Fassungen der Edelsteine zu Straßen, Gärten und Häusern einer goldenen Architektur der ewigen ›Stadt auf dem Berg‹ geordnet sind.«

Aachen, April 1991

Auf der Suche nach den verschütteten Straßen und Gassen des himmlischen Jerusalems.

In der Früh liegt ein silberner Schleier über der Stadt – der Atem der Quellen, denk ich mir. Der Hauch der Liebenden. Der Schweiß der Schlafenden. Aus den offenen Fenstern verbindet sich der Dunst zu einem Laken, das sich federleicht über alle Häuser um den Dom und das Rathaus legt. Gestern abend hat sich Herbert nicht am Telefon gemeldet; heute werde ich ihn aufsuchen. Auf den Hügeln am Stadtrand beginnen die Vögel den Tag mit ihrem Geschrei. Da hinten am Waldrand habe ich vor einem Vierteljahrhundert einmal fünf Jahre lang gelebt, da vorn in der Innenstadt später noch einmal drei Monate. Da habe ich täglich auf das Leben gewartet, auf das mich Herbert Woopen damals so neugierig machte. Er war ein Amateur, wie ich später keinen mehr in irgendeiner anderen Stadt getroffen habe – ein Liebhaber des Lebens, der Musik, der Berge, des Doms und der alten Städte Europas. Die Farben Venedigs hat er mir alle in Aachen gezeigt. Die ersten Magnolien habe ich unter seinem Fenster knospen sehen.

Auf dem ehemaligen Promenadenplatz schneide ich mir an einem Denkmal aus Glas, das ich noch nicht kannte, in den Finger. Es ist ein aufgeschichteter Davidstern, flaschengrün, spitz und scharf, ein großer Kristall aus Splittern als Andenken an jene Nacht, als hier die Fensterscheiben klirrten und Brandstifter durch Deutschland zogen: vom 9. zum 10. November 1938. Fünf Jahre später stand die ganze Stadt in Flammen, der Himmel voller Flammenblitze. »Jüdische Terrorangriffe britischer Mordbrenner« ließen sie von 1943 bis 1944 fast keine Nacht zur Ruhe kommen, wie der »Westdeutsche

Beobachter« damals berichtete. Von den Spreng- und Phosphorbomben wurde Straße für Straße skelettiert; die Feuerstürme fegten Welle um Welle die Häuser von den Straßen wie Laub von den Bäumen. Noch zwanzig Jahre nach diesen Nächten fand Herbert keinen Schlaf, wie er mir erzählte. Aachen wurde umgepflügt wie ein Acker, zuerst von den Engländern aus der Luft, dann von den Amerikanern auf dem Boden. Die Stadt war schon ein einziges Haus ohne Dach, als sie schließlich im Herbst 1944 zur Hauptkampflinie erklärt wurde. Danach wurde sie so zerstört, daß die Alliierten sie zunächst an anderer Stelle ganz neu aufbauen wollten. Zwei Wochen nachdem die Deutschen im Osten den Warschauer Aufstand niedergeschlagen hatten, standen am 19. Oktober 1944 amerikanische GIs im Aachener Dom. Aachen war die erste befreite Stadt Deutschlands.

Sechsundsiebzig Prozent waren zerstört, also fast alles, bis auf den Dom, den eine Freiwilligenwache aus Kindern gerettet hatte, und das Straßennetz, das sich überall zählebiger als jedes Gebäude der Vernichtung widersetzt. So verwahrt seitdem vor allem der Dom und dieses Straßennetz den Geist des Ortes – der römischen Siedlung, der karolingischen Pfalz, der gotischen Stadt vor der Feuersbrunst von 1656, der barocken Bäderstadt. Die Straßen, Plätze und Wege sind die Gehirnwindungen der Stadt.

Am Michaelsberg blühen die Kastanien. Da oben hinter der Kirche hat Herbert mir in seiner vollgestopften Mansarde zuerst von der herrlichen Stadt Gottes unter den Menschen erzählt. Einmal hat er mir eine abgegriffene alte Bronzemünze Kaiser Konstantins geschenkt. Er ist nicht da. Die Tür ist verschlossen. »Bei offiziellen Anlässen müssen die Engel im Himmel immer Bach spielen«, sagte er, als ich ihn das letzte Mal sah. »Sobald sie aber wieder unter sich sind«, fuhr er danach lächelnd fort, »spielen sie augenblicklich wieder Mozart.« Dann setzte er sich an den Flügel und spielte Chopins »Nocturnes«.

Da wohnte ich schon in der Oppenhoffallee in einem Zimmer, das mir kafkaesk vorkam, ohne daß ich auch nur eine Zeile Kafka kannte, und wo mir jetzt alle Namen an der Klingel unbekannt sind. Die Sonne spiegelt sich in meinem Fenster und blendet. »Wirst du auch einmal über mich schreiben?« höre ich hinter dem Fenster die schwer parfümierte Nachbarin dem Neunzehnjährigen an jenem Abend ins Ohr flüstern, der damit begann, daß er sich bei ihr ein Radiergummi auslieh, und damit aufhörte, daß er ihr verriet, er sei ein Dichter. Endlos lange Wege von damals brauchen in Wirklichkeit nur Minuten. Aachen, das einmal so groß war, ist klein geworden, so klein, wie es die eigenen Zimmer zu Hause nach jeder langen Reise sind. Jetzt nehme ich auch das beständige Auf und Ab der Stadt erstmals richtig wahr, die letzten Wellentäler der Nordeifel und Ardennen, die sich in den Straßen Aachens übereinanderfalten.

Die dreieckigen Plätze im Zentrum dokumentieren bis heute, daß die »Orientierung« Europas hier einmal festgelegt wurde. Karl der Große ließ in einem Akt zivilisatorischer Gewalt diese Kirche und Pfalzanlage streng zum Orient, nach Osten ausrichten, quer zu dem alten römischen Straßennetz. Kaum ein Gebäude Europas birgt mehr Informationen über das, was wir waren, bis wir wurden, was wir sind, als dieser Dom; dieses Abbild des himmlischen Jerusalems ist ein Urbild aller späteren Kathedralen Deutschlands und Frankreichs. Hier offenbart der Sarg Karls des Großen auch den ersten Versuch der Selbstvergöttlichung der Herrscher in Deutschland. Barbarossa ließ die Gebeine des ersten Karolingers in diesen goldenen Schrein umbetten. Auf dessen Außenwänden ließ er plötzlich Könige auf den Sitzkissen der Apostel Platz nehmen. Später wurde die riesige Chorhalle als äußerer Mantel dieses Reliquienschreines errichtet, wieder als eine Stadt aus Lapislazuli, Topas und Rubinen, die allerdings keinen Heiligen, sondern einen Kaiser barg.

Das Sonnenlicht aus dem Oktogon vermischt sich mit dem

Blau der Halle zu einem vielfältigen Leuchten in dieser Grabeskirche. Im Gemäuer sind alle Steine Europas verarbeitet: die römischen Ziegel antiker Ruinen, die Felsblöcke aus der Eifel, aus den Ardennen und von den Ufern der Maas, der silberne Blaustein, Grauwacke und Tuff. Aus ihnen allen wurde hier vor zwölfhundert Jahren die Pfalzkapelle als Keimzelle des Abendlands errichtet, als das Bronzeportal dieser Kammer noch wie Gold glänzte, das bis jetzt noch den Klang von Glocken hat. Ich wünschte, Herbert wäre zu Hause. Ich möchte mir so gern mit ihm die juwelengeschmückte Stadt auf dem Kreuz noch einmal anschauen, die er in dieser Schatzkammer entdeckt hat.

Unten am Elisenbrunnen sehe ich ihn endlich an einer Säule lehnen. Nein, er ist es doch nicht. Minuten später begegne ich einer alten Bekannten, von der mir erst im letzten Blick der Augen gewahr wird, daß ich sie noch nie gesehen habe. Ich finde die Gesichter aller Nationen in den Straßen, aber vor allem die Jugend aller Nationen. Alle Telefonnummern in meinem Adreßbüchlein haben fremde Stimmen, neue Teilnehmer bekommen, die Straßen neue Gesichter. Nur die Kinonamen sind gleich geblieben. Nirgendwo wirken die Leuchtschriften so groß wie in der Provinz, nie wirkten sie größer als in den fünfziger und sechziger Jahren: das »Eden«, das »Elysee«, der »Gloria-Palast«. Im verwinkelten Café van den Daele sitzt man zu Tisch wie in einem Van-Delft-Gemälde. Ich schaue jeden Tag einmal kurz hinein, ob ich nicht doch Herbert an seinem alten Fensterplatz antreffe.

Von meinem Hotelfenster aus betrachte ich am Abend den angestrahlten Dom, das Lapislazuliblau der Chorfenster dieser Marienbasilika.

Ach Aachen, all deine Bäder, all deine Apotheken, was können sie wirklich heilen? Mein Freund Herbert ist in deinen Mauern gestorben, als ich auf seine Antwort auf eine letzte dringende Frage wartete. Ich hatte mich so darauf gefreut, ihn wiederzusehen, und kam am Schluß zu spät zu seiner Beerdigung. Er konnte nicht alt werden. Er starb im Sitzen, erzählte man mir, so blitzschnell, daß er am nächsten Morgen noch auf dem Bett saß, das Fenster weit offen.

Rom, Juli 1986

Eine Kirche in den Maßen des himmlischen Jerusalems.

Der Weg führt über Plätze durch enge Gassen, an zwei Brunnen vorbei. In einer Schenke nehme ich einen kleinen Imbiß und hole einen Zettel aus der Hosentasche, auf dem ich mir eine Adresse notiert habe: Via della Pilotta, 25. Vor einem gemauerten Bogen, der sich über die Gasse spannt, drücke ich neben einer dunklen Doppeltür unter dem Schild »Pontificio Istituto Biblico« den Klingelknopf.

Erst nach dem dritten Klingeln wird geöffnet. Bruder Sándor Ritz öffnet selbst. Er hört nicht mehr gut. Jetzt, im Sommer, hütet der Zweiundsiebzigjährige allein das Haus des renommierten Gelehrten-Collegiums der Jesuiten in Rom. Wir haben uns noch nie gesehen; bisher hatten wir nur am Telefon miteinander gesprochen und zwei oder drei Briefe gewechselt. Der Traum vom himmlischen Jerusalem hat uns nun hier in Rom zusammengeführt. Bei ihm könne ich die Heilige Stadt ganz unversehrt wiederfinden, hatte man mir gesagt, nicht in den Folianten der Bibliothek, die er hütet, sondern in seinem Herzen.

Das Institut ist ein großes Haus mit Innenhof in den Rost- und Ockerfarben Roms. Das Plätschern eines Marmorbrunnens durchbricht die Stille; Palmen und ein Lorbeerbaum spenden Schatten. Vom Hof aus führt eine Tür direkt in die Wohnung des Fraters. Mit dem ersten Schritt über die Schwelle seiner Kammer steht man unter dem Modell eines säulengetragenen Rundbaus, der sich aus der Höhe dieser Kammer wie vom Himmel herab auf den Besucher senkt. Ritz hat dieses Modell geschaffen. Es scheint zu schweben. Es glitzert und funkelt nur so aus diesem Palast. Der Raum ist völlig ebenmäßig, ein Gebäude im Gleichgewicht. Engel bewachen die Tore, Sterne glänzen über den vier Flügeln. Die Innendecke des mittleren Turmes ist golden ausgelegt. Für die Deckenbekleidung des mittleren Ringes hat Bruder Ritz eine Abendrobe zerschnitten. Er lächelt. »Das hat niemand, das hat die frühe Christenheit selbst gebaut«, sagt er, »hier hat sie sich erklärt. Gott war ihr Architekt.«

Doch was soll das sein? »Das ist die Kirche Santo Stefano Rotondo. Sie liegt da draußen, hinter dem Colosseum, auf dem Celiohügel, nur leider seit langem nicht mehr im Originalzustand.« Er besucht die Ruine nur noch selten. »Die Kirche ist hier«, sagt er und zeigt auf seine Stirn, »ich liebe sie wie mein Herz.«

Er steuert sein Auto wie ein Schlafwandler durch den römischen Verkehr, als wir hinausfahren. Fünf Minuten später hält der Wagen in einer breiten Hofeinfahrt. Ein Tor liegt verschlossen vor uns. Ritz klingelt. Eine Nonne öffnet und läßt uns durch den Fernsehraum ihres Schwesternheims in das alte Heiligtum hinein.

Wie eine riesige Scheune erhebt sich der Bau hinter dem Hospiz. Es ist schmutzig und stickig in dem Winkel, den wir zuerst betreten. Grillenzirpen dringt durch Löcher in den Wänden und durch zerbrochene Fenster in die Stille. Nackte Glühbirnen baumeln von der Decke. Durch die Mitte fällt Licht in einen kreisrunden steinernen Hain. Es sind zweiundzwanzig Säulen im Kreis versammelt, genauso viele, wie das hebräische Alphabet Buchstaben zählt. Die römischen Kapitelle auf den Säulen, welche die Mauer darüber tragen, gleichen verstaubten Torarollen.

Der Raum verschiebt sich bei jedem Schritt, bei jedem Licht. Das Licht wandelt sich jede Minute. Und mit jeder Bewegung verändert sich auch die Größe des Raums, seine Maße und Verhältnisse. Die Außenwand ist durch die Säulen rhythmisch gegliedert – erst fünf, dann vier, dann wieder fünf. Dazwischen unterbricht jeweils ein viereckiger Träger die geschwungene

Reihe der schlanken Kolumnen. Das sind die Ecksteine. Ein leerer Tabernakel mit abgerissenen Flügeln schimmert golden aus der Dämmerung einer großen Nische. Ein neuer Holzboden wurde irgendwann verlegt, auch er fingerdick verstaubt. Baumaterial liegt herum, dazwischen ein Schubkarren, eine tote Fledermaus.

Aus dem riesigen Raum führt ein kleines Tor unmittelbar in den Gewürz-, Gemüse- und Obstgarten hinaus. Stimmen hallen aus einem Fenster vom Mittagstisch der Nonnen herunter. Der Garten ist um den Rundbau, den wir eben verließen, herum angelegt. Bruder Ritz hat sich vor vielen Jahren seiner angenommen. Er war über lange Zeit fast vollkommen verwildert. So entdeckte er damals, daß alle Zufälligkeiten dieses Hauses keine Zufälle waren, daß diese Kirche nicht von ungefähr den gleichen Durchmesser hat wie die Auferstehungs- und Grabeskirche in Jerusalem, sondern daß sie exakt mit den Vorgaben und Maßen korrespondiert, mit denen das himmlische Jerusalem in der Offenbarung des Johannes beschrieben wird: »Die ganze Schönheit: eine millimetergenaue Umsetzung der entsprechenden Schriftkapitel in Stein.«

Die hohe Hauswand ist fast fensterlos. Rechts folgt in immer gleichem Abstand eine zerfallene Mauer durch das Gras. Das ist die alte Außenmauer der Kirche. Zur Linken erkennt man den inneren Säulenring nur an den Kapitellen und Bögen wieder, die oben aus dem Mauerwerk hervorragen. Hier und da ist die Mauer in Längsrichtung geborsten, als wollten die Säulen hervortreten. Manche Säulen liegen frei. Es ist alles schlicht, ohne Zierat. »Es ist ein Haus aus der Zeit, als Ost und West noch nicht voneinander geschieden waren«, sagt Bruder Ritz. »Das kann man an jedem Ziegel dieser Ruine ablesen. Sie schreien aus den Mauern, zusammen mit dem Gebälk. Sehen Sie sich das Prachtstück an: Diese Mauer ist knapp einen Meter dick und ruht nur auf Säulen. Das ist Technik, das ist wahre Kunst! Dieser Turm ist federleicht.«

Wir betreten noch einmal den Bau. Der innere Turm wie

auch der mittlere Säulengang sind so breit, wie sie hoch sind. Gleiches muß für die verfallenen Sektoren des äußeren Ringes gegolten haben, wo heute der Gemüsegarten liegt. Nichts wirkt monumental. Der große Raum ist ganz klein, er ist hoch und niedrig, schlank und weit und breit; steht man vor dem letzten Flügelarm, öffnet er sich ins Unermeßliche; ein paar Schritte zurück, und er verkleinert sich auf das Ausmaß einer Tür. Ein schweifender Blick über die Ecksteine zeigt, daß niemals wieder ein Oktogon so elegant einem Kreis einverleibt wurde. Das Achteck wird in Geborgenheit umschlossen.

Wie hell es auch jetzt noch in ihm ist. Der Lichteinfall wurde genial gelöst. Alle Gestirne geben im Lauf ihrer Wendekreise ihr Leuchten über die vierundzwanzig Fenster im Mittelturm an diese Wohnung ab. Breite, Höhe und Abstand dieser Fenster betragen jeweils ein genaues Zehntel des Durchmessers der Gesamtkirche. Kein Maß ist zufällig. Alle vierundzwanzig Stunden des Tages schenken die Sonne, der Mond und die Sterne ihr Licht über das Zentrum an diesen Raum. Die Kreuzarme haben jeweils neun Fenster, doch vor allem leuchtet dieser Ort von seiner Mitte her.

Der Raum erzählt Szenen aus seiner Geschichte nach: Der Feuerschein ungezählter Öllämpchen flackert, die Alabasterfenster glitzern. Der Raum ist gedrängt voll mit Menschen in Festgewändern. Schwere Vorhänge schimmern aus dem Schatten der Tore hervor. Mosaike funkeln von den Wänden herunter, kristallgrün wie Meerwasser die Decke, aus der Mitte glänzt es golden. Perlen und Edelsteine schmücken die Haare der Frauen. Chöre singen im kreuzförmigen Dialog aus den Seitenflügeln. Wie die Wellen des Ozeans antwortet die Menge. Ein Mann ruft etwas mit lauter Stimme. Vorsänger nehmen den Ruf im wechselnden Rhythmus auf. Irgendwo schreit ein Kind. In dem Wogen des Gesangs ist ein vielfach wiederholtes »Halleluja« zu verstehen, aber mit fremdem Akzent. Welches Fest wird hier gefeiert? Was ist das für ein Glück?

»Ja, ist Glick«, meint Ritz mit seinem schönen ungarischen Akzent. Vom Glück der Erde erzähle dieser Raum, von einer Erlösung aller Verhältnisse, die sich von einem neuen Himmel auf eine neue Erde herabsenkt. Hier waren die Christen davon überzeugt, daß Gott in ihrer Mitte Wohnung nehmen und sie sein Volk sein würden, daß er nach dem Alptraum aller Verfolgungen nun endlich all ihre Tränen abwischen und der Tod, die Trauer, die Klage und jede Quälerei ein Ende haben, daß er sie ins Recht setzen, daß alles, was früher war, endgültig vorbei sein werde. Diese Worte nach der Offenbarung des Johannes seien die Worte, nach denen dieses Haus erbaut wurde. Wann hätten sie ihnen wahrer vorkommen können als nach der Wende unter Konstantin? Aus diesem Glücksgefühl heraus haben Menschen diesen Bau errichtet, dessen Architekten kein Mensch mehr kennt. »In der Callixtus-Katakombe können wir an der Decke einer Kammer schon exakt den Grundriß dieser Kirche in einem Fresco aus dem zweiten oder dritten Jahrhundert bewundern. Dieser Kirchenbau war ihr ältester Traum.«

Für diese Annahme gibt es viele gute Argumente. Das Füllmaterial unter Santo Stefano stammt aus konstantinischer Zeit. In dem Schutt liegt ein abgesägter Mithrastempel begraben. Das verbindet diesen Bau mit vielen anderen Kirchen. Santo Stefano unterscheidet sich jedoch von allen Kirchen Roms durch seine Lage: auf der Südseite des Monte Celino, des höchsten Hügels von Rom, über ehemaligen Zisternen. Die Position der Kirche entsprach der Lage der »Stadt auf dem Berge, des neuen Israel«, wie sie der Prophet Ezechiel sechshundert Jahre vor Johannes schon beschrieben hatte. »Und er setzte mich auf einen sehr hohen Berg, auf dem war in südlicher Richtung etwas wie eine Stadt erbaut.«

In ihrem Grundriß sind Quadrate, Oktogone, Kreuze, sind alle Figuren der Geometrie umfaßt. Es gibt keinen Zwischenraum zwischen den Figuren; sie sind vereinigt und verschmolzen. »Die Stadt war viereckig angelegt«, heißt es bei

Johannes: »Der Engel maß die Stadt mit dem Maßstab. Sie war ebenso lang wie breit und hoch: zwölftausend Stadien.« Das sind 2304 Kilometer. Ein Würfel mit dieser Kantenlänge, »erbaut aus reinem Gold, durchsichtig wie Glas«, das geht nicht, das ist menschenunmöglich. Eine solche Stadt war nie zu vollenden, sie wird nie zu vollenden sein.

Alle anderen Maße, Vorgaben und Materialangaben waren freilich so, daß man mit dem Bau dieser Stadt beginnen konnte. Und hier hatten sich die Menschen an das Unmögliche gewagt. So mutet der Geist dieses Neubaus in der Rückschau so flüchtig wie ein schnell aufgeschlagenes und wieder abgebrochenes Zelt in der Geschichte an, wie ein auf- und zugeschlagenes Buch. Das Problem der »viereckigen Anlage« lösten sie, indem sie kein quadratisches Format für das Gebäude wählten, sondern ein Kreuz in eine Kreisform integrierten. Das Maß der beschriebenen Mauerhöhe, »hundertvierundvierzig Ellen«, wurde exakt auf den Durchmesser umgelegt. Die »gleiche Höhe und Breite« wurde verwirklicht. Die »zwölf Tore« wurden gebaut. Die Lage auf dem höchsten Berg der Stadt entsprach dem »sehr hohen Berg«.

Aber hatte Gott nicht vor Jesaja gehöhnt: »Was wäre das für ein Haus, das ihr mir bauen könntet? Der Himmel ist doch mein Thron und die Erde der Schemel meiner Füße.« Und sagte Johannes nicht kategorisch: »Einen Tempel sah ich nicht in der Stadt«? Steht dazu dieser Bau nicht im absurdesten Widerspruch? War ein solcher Tempel also nicht doch ein gedankenloser Frevel? Bruder Ritz lächelt: Ja, allerdings, und das erklärte letztlich dieses einzigartige Gemäuer: Es sei kein Tempel, keine Kirche, nicht einmal ein Haus. Santo Stefano sei eine Stadt, das kosmische Jerusalem. Und nun erklärt er.

Schon in der dritten ägyptischen Dynastie entsprach dem Begriff Stadt ein viergeteilter Kreis. Die Städte der Babylonier und Assyrer waren quadratisch angelegt, jeweils mit einem gewaltigen Tempel in der Mitte. Aus dem ersten Jahrhundert ist uns von dem römischen Architekten Vitruv der kreisrunde

Plan eines Stadtideals überliefert. Das wichtigste Merkmal all dieser Stadtvorstellungen war aber nicht ihre wechselnde Form, sondern ihre Funktion als geschützter Verkehrsknotenpunkt: ihre Mauern, ihre Straßen, ihre Tore. Und genauso wurde auf dem Monte Celino eine Stadt in der Größe eines einzigen Gebäudes angelegt, als Tempel, der kein Tempel mehr war.

Die Türen sind Stadttore zum Morgen, zum Mittag, zum Abend und zur Mitternacht hin. Die Arme dieses Hauses sind Straßen, mit einer großen Kreuzung in der Mitte. Das war die Wohnung Gottes unter den Menschen, die ins Unbegrenzte reicht. Und dies sei das letzte Geheimnis des Plans von Santo Stefano: Seine Straßen und offenen Tore führten in einen unbegrenzten Raum, die Stadt selbst wurde in diesem Haus dem Auferstandenen als Schemel unter die Füße gelegt, der blaue Planet wurde hier zum Heiligen Land erklärt. Santo Stefano war ein Siegel, das die frühe Christenheit dem Kosmos aufdrücken wollte – zur Heiligung der Welt.

»Fahren Sie nach Florenz«, sagt Ritz. »Sehen Sie sich dort vor dem Dom das Baptisterium von San Giovanni an, da werden Sie die gleiche Stadt am Himmel in der Apsis hoch oben in der Kuppel finden. Die Mosaike stammen aus dem dreizehnten Jahrhundert. Und da, über dem Thron des Richters, werden Sie sehen, daß das kein Heiligenschein, auch kein Kreuznimbus ist. Denn Jesus braucht doch kein Kreuz in seinem Heiligenschein, damit man ihn identifizieren kann. Nein, die Gloriole Christi da oben in Florenz ist nichts als der alte Entwurf von Santo Stefano, es ist der Grundriß der neuen Stadt auf dem Berg. Oder fahren Sie nach New York, durch den Central Park. Dahinter finden Sie auf einem Hügel über dem Hudson River im Cloisters-Museum ein sogenanntes Flabellum aus dem Mittelalter. Das ist eine kreisrunde Vortragetafel vor Prozessionen, die exakt den gleichen Grundriß in Gold und Geschmeide aufzeigt wie Santo Stefano. Es gibt unzählige solcher Gloriolen.«

Seine Knochen schmerzen, Ritz seufzt, aber auch dabei wirkt er verschmitzt. Als wir zurück in seiner Kammer sind, meint er, er gehe bald »da hinauf«, und deutet über seine Schulter hoch zur Decke seiner Kammer. Die Vorstellung, die da hängt, ist kein architektonisches, sondern ein inspiriertes Modell. Einige seiner Beweise sind keine Beweise. Aber seine Liebe ist wahre Liebe. Gewiß sieht er darum manches, was kein Auge je gesehen hat. Er ist ein Visionär. Doch seine Traumstadt ist eine Vision, die auf festen Fundamenten ruht: auf einem Kranz aus zweiundzwanzig Säulen. Ich blicke in diesen goldschimmernden Festraum auf, bis mir fast schwindelig wird.

Delphi, August 1997

Der Idealstaat Platons als konkurrierende Vorstellung zur Vision vom himmlischen Jerusalem.

Der riesige Felsbalkon scheint von Götterhänden gefügt und schiebt sich weit aus einer großen Felswand hervor. Das Tal in der Tiefe ist mit Olivenbäumen bedeckt. Schlanke Zypressen und Rauchfahnen schrauben sich durch die Windstille in den Morgenhimmel hoch. Wie ein verzweigter grüner Strom fließt das Tal zwischen den Bergen auf eine Bucht in der Ferne zu. Tauben flattern auf Kapitellresten im Gebüsch, Ameisen ziehen über ihre Prozessionsstraße schon seit Jahrtausenden Balken und Hölzer für ihre Tempelstadt durch den Staub. Der Duft von Thymian liegt in der Luft, von Salbei, feuchten Gräsern, Bitterkräutern. Was noch? Es muß Honig sein. Diese Bergnische duftet nach Honig.

So war es wohl auch, als Mengen von Ratsuchenden über die steilen Serpentinen nach Delphi hinaufkletterten. Dieser Balkon war unschwer als Sitz der Götter zu identifizieren. Wer immer an sie glaubte, mußte annehmen, daß sie hier oben wohnten. Hier war der Sitz der Weissagung.

Ein Erdbeben der Frühzeit, gewaltiger als alles, was wir kennen, hat die Berge hier von oben bis unten entzweigerissen und eine klaffende Schlucht geöffnet. In ihr entspringt die Kastalia-Quelle. Hier haben sich die Seherinnen gereinigt. Das ist auch die Heimat Apollons. Dort drüben hat er seine Eber gejagt. Es gibt wohl nur wenige Orte, wo die Götter so natürlich zu vernehmen waren wie hier oben: im Donnern und Beben und Dröhnen der Erde oder im Murmeln und Wispern der Quellen und Haine.

»Chasma« hieß die Erdspalte, der Delphi seine Entstehung

als Heiligtum verdankt, und »Pneuma«, Geist, die berauschenden Dämpfe, die ihr entstiegen.

Da unten in der Schlucht hat der Gott Pan sein Unwesen mit den Menschen getrieben. Sein Lieblingsspiel war die Sinnverwirrung, die »Furcht, die keinen Grund hat«, die er mit seiner Flöte zu beschwören wußte. Die Panik, den panischen Schrecken hat er in diesen Wäldern erzeugt. Vögel zwitschern. Eine angenehm frische Brise weht durch das Tal vom Golf von Korinth herauf.

Die Kreise, in die dieses Heiligtum in die antike Welt hinausstrahlte, waren riesengroß. Selbst aus der Stadt Marseille wurden Weihegeschenke hierhergeschleppt. Die Sehnsucht, die Götter günstig zu stimmen, machte Delphi zu einem Schatzhaus. Wie eine Weltausstellung war Delphi damals mit Pavillons voller Weihegaben der einzelnen Länder und Städte bestückt. Tempelchen reihte sich an Tempel unter dem Theater und entlang der Prozessionsstraßen.

Die Farben der Steine und Säulen spiegeln das Rosa der Berge. Violette Schlieren ziehen sich durch den Marmor. Jede Akanthusblüte ist frei von Hand ohne jede Schablone in wunderbarem Ebenmaß gemeißelt. Davor verläuft eine Mauer aus Zyklopensteinen, ineinander verschachtelt wie eine aufgeschnittene vergrößerte Zellstruktur, Jahrhunderte vor Christi Geburt errichtet. Weder in Rom noch in Konstantinopel, noch in Jerusalem hat sich je ähnliches aus der Frühzeit freilegen lassen.

Die Kraft, mit der die Griechen damals solche Wunderwerke in Marmor und Gold ausführten, hatte Israel in jenen Jahrhunderten darauf verwandt, über Generationen das Buch der Bücher zu verfassen, das von Anfang an nur von Gott und den Menschen spricht, dauerhafter als all diese Tempel, wo in einem undurchdringlichen Gespinst von Legenden, Spinnereien und mythologischem Getratsch und Geschwätz Göttern, Halbgöttern, Drittelgöttern, Geistern, Erinnyen oder Sirenen gehuldigt wurde. In ihren Tempeln beteten die Griechen den Geist der Schönheit an, während Israel die Schönheit des Geistes entdeckte. Wenn wir genau hinhören, können wir noch das freche Hohnlachen aus den ersten Zeilen der Bibel heraushören, wo geschrieben steht, daß Gott am vierten Tag die Lichter an den Himmel setzte, um die Tage, die Jahre und Festzeiten nach ihnen zu bestimmen: die Sonne, den Mond, dazu alle Sterne – die Gestirne, die rings um sie herum als die höchsten Götter der Sklavenhalter Ägyptens und Babylons verehrt wurden. »Eure Götter sind Irrlichter«, hieß das, »sie sind nur Lampen, Wecker und Kalendersteine am Himmel. Der Himmel aber und die Erde gehören unserem Gott.«

Die Griechen ahnten, daß sich mit den Göttern nicht alles so verhielt, wie es seit Generationen weitergegeben wurde. Ihre Philosophen opferten den alten Idolen zwar noch Weihrauch, freilich ohne länger an sie zu glauben. Vielleicht hatten ihnen seefahrende Phönizier von der Küste Kanaans das Gerücht von dem ganz anderen Gott Israels überbracht. Und vielleicht hatte auch Platon in Athen von jener Stadt auf dem Berg der Propheten gehört, als er erstmals seine Idee vom namenlosen Idealstaat entwickelte, der später zum gefährlichsten Konkurrenten der Heiligen Stadt werden sollte. Bis heute zieht sich diese Vorstellung des Philosophen als ein konkurrierender Alptraum zur Vision vom himmlischen Jerusalem durch die Geschichte: als Tyrannei der selbsternannten Klügsten, die sich als Erziehungsanstalt für die Bürger verwirklicht. Das Bild dieser kalten klaren Stadt hat sich immer wieder vor das des himmlischen Jerusalems geschoben. Alle modernen Fürsorgediktaturen nähren sich von dieser Quelle. Heere von Spitzeln und Denunzianten kamen im letzten Jahrtausend durch die Idee dieses Idealstaates in Lohn und Brot. Nur am Ende der Antike sah es für kurze Zeit einmal so aus, als wäre der Wettstreit zugunsten des himmlischen Jerusalems, des Traums von der gerechten Gesellschaft entschieden worden – auf dessen Herrschersitz thront ein Lamm und kein Denker.

Damals, im vierten Jahrhundert nach Christus, wurde dieser Balkon in Delphi von einem Erdbeben des Geistes und einem Erdrutsch der Geschichte unter sich begraben. »Sagt es dem Herrscher«, beschied Pythia, die oberste Seherin Delphis, in ihrer letzten Weissagung den Abgesandten Kaiser Julian Apostatas – des sogenannten »Abtrünnigen«, weil er nach Kaiser Konstantin das Rad der Geschichte noch einmal ins Heidentum zurückdrehen wollte –, »sagt dem Herrscher, verstummt ist das murmelnde Wasser.«

Das Wasser war natürlich nicht verstummt, bis heute läßt sich ihm hier oben lauschen, doch seine Sprache wird nicht mehr verstanden. Und geblieben sind auch all jene Tugenden, die das hemmungslose Gesindel der Götter so perfekt verkörperte: die Intrige, die Lust an der Lüge, der Betrug und die Hinterlist, der Verrat, die Verleumdung. Geblieben ist die Zwietracht, die Angst, das falsche Spiel, der heilige Schwindel und das ganze tragische Theater, die bleibende Versuchung, die Menschheit mit einer Diktatur der Schlauberger und nie endender Fürsorge zu beglücken.

Belfast, April 1988

Wo Columban nach Gallien aufbrach, um Europa noch einmal vom Westen her zu missionieren.

In Belfast quartiere ich mich im Hotel Europa ein. Es ist ein grauer Hochhausturm hinter Mauern mit Glassplittern und Stacheldrahtrollen, nicht weit vom besten indischen Lokal dieser Stadt, die ein Schandfleck der Christenheit geworden ist. Hier möchte ich eine Wiege des Abendlandes suchen, in der die himmlische Stadt ihre erste Renaissance erlebte.

Es gibt in ganz Irland keine Schlangen, hat der Portier unten erzählt. Die hat der heilige Patrick persönlich aus diesem grünen Paradies vertrieben. Ein helles Flackern fängt sich von draußen in den Vorhängen. Langsam und nahezu lautlos bewegt sich unten eine Kolonne von Polizeifahrzeugen durch die leere Straße. Es knattert in der Luft. Zwei Hubschrauber jagen unter den Wolken nach Westen. Der Weg zum Zentrum ist von hier aus menschenleer, kaum Verkehr. Am Donegall Square stehe ich schon in der Mitte der Stadt. Aber sie ist immer noch leer, leerer als zuvor, und es ist hellichter Tag. Die Straßen sind breit und gerade, daß der Wind nur so durch sie hindurchpfeifen kann. Viele tote Häuser säumen den Weg, leere, zerschlagene Fensterhöhlen, Brennesseln auf den Fensterbänken, vergitterte Schaufenster, fensterlose Pubs, vernagelte Türen, Glasscherben auf den meisten Mauern, Stacheldrahtgebinde auf allen Zäunen. Panzerungen werden in die Gerippe der Neubauten auf strengbewachten Baustellen eingezogen, daneben Ruinen und farbig bemalte Häuser.

An der Joy Street biegt ein gepanzerter Landrover um die Ecke. Mit einem Stahlmantel bis zum Boden gleicht er einem Pferd der Picadores in spanischen Arenen, aber ohne Reiter.

Am Eingang der Arthur Street bewachen fünf Polizisten ein großes Gitter, das hier die Straße absperrt. Sie tun mit der Behäbigkeit von Rentnern ihren Dienst. Einer der Beamten nimmt seine Daumen nicht aus den Armlöchern seiner schußsicheren Weste, gerade so, als wären es Hosenträger. Diese Westen mit ihren modernen Klettverschlüssen machen was her. Sein Kollege lehnt sich über den Schlagbaum wie über einen Gartenzaun. Sie bewachen den Eingang zur Control Zone, einer grellbunten Einkaufslandschaft.

Ein rotgesichtiger Redner predigt Feuer und Schwefel in dem geschäftigen Hin und Her der Fußgängerzone über die Belfaster herab, aber es hört ihm keiner zu. Zwei Häuserecken weiter sitzt ein Banjospieler in dem Gewühl. Keiner bleibt stehen. Das Geräusch der Mitte Belfasts ist keine Musik. Es ist eine einzige Eile. Die Absätze prasseln auf das Pflaster. Keiner schlendert. Doch mehr und höhere Absätze habe ich kaum sonst irgendwo in einer Stadt gesehen und auch nicht so knappe Miniröcke. Kaum eine Frau geht in Hosen. Die wenigen Männer tragen alle Schlips, sogar die Buben. Ihre Frauen und Mütter tragen Netzstrümpfe und strohblonde oder pechschwarze Frisuren. Zum Einkaufen legt die Stadt so viel Rouge auf wie das Frankfurter Bahnhofsviertel am Abend.

Am Kornmarkt taucht plötzlich ein Soldat der britischen Armee mitten in der Menge auf, die automatische Waffe im Anschlag, tänzelt zwei Schritte, dreht sich, den Rücken zur Wand, und sichert eine Häuserecke, um drei Kameraden einer offenen lang auseinandergezogenen Patrouille passieren zu lassen. Sie sind gefechtsmäßig ausgerüstet, mit langen Funkantennen und Tarnanzügen. Ein Schwarzer ist unter ihnen, auch er ein direkter Nachfahre der Bogenschützen Heinrichs II., die die Insel vor über achthundert Jahren erstmals für die englische Krone zu erobern versuchten. Plötzlich pfeift es aus einem Funkgerät, ein elektronischer Impuls bringt die Soldaten ins Laufen, augenblicklich ist die Streife um die nächste Ecke verschwunden, wie durch einen Stromstoß.

Es beginnt zu regnen, sprühdosenfein. Der blühende Ginster Irlands wuchert bis in die Stadt hinein. In den tiefen Wolken knattern die Rotoren der Hubschrauber. Es riecht nach Rauch, als ich den Soldaten hinüber zur Falls Road folge, wo die Armee versucht, eine Menge arbeitsloser Bürger in Pullovern in Schach zu halten. Flammende Wandgemälde verkünden an geschwärzten Wohnblocks die Revolution. An Häuserstümpfen kleben gälische Straßennamen. Mitten in den Falls aber, in der Springfield Road, flattert der britische Union Jack stolz über einem großen Käfig aus Beton, Stacheldraht, Sehschlitzen, Gittern, Sicherheitsschleusen, gepanzerten Kameras und türgrifflosen Stahltoren. Es ist eine der Festungen der englischen Krone, Zwingburgen ihrer Majestät. Fünf solcher Forts gibt es allein im Westen Belfasts.

Kein Vogel regt sich in der Luft. Roboter regieren das Viertel. Gleichmütig verharren lange Schlangen vor den Zahlstellen der Sozialhilfe unter ihren dröhnenden Beobachtern in der Luft. Unwillkürlich öffne ich den Mantel, selbst im nun strömenden Regen, um jedem schon von weitem zu zeigen, daß ich nichts zu verbergen habe. Vor der St. Peter's Cathedral treffe ich dann, verirrt und allein zwischen gräßlichen Wohnblockschluchten, auf dem vielleicht häßlichsten Flecken Belfasts, die Armeepatrouille wieder, die mir plötzlich aus einem Durchgang entgegenspringt, als wolle sie diesen Platz besetzen, nervös, mit mißtrauischen Blicken zu jedem der tausend Fenster hoch, als warte hinter jedem ein Heckenschütze.

Das scharfe Klack beim Entsichern ihrer Waffen übertönt sogar das Knattern der Helikopter in der Höhe. Ein Sergeant fragt stockend nach meinem Auftrag; er ist vielleicht einundzwanzig oder zweiundzwanzig. Sicher aber zeigt er in seinem flackernden Blick die wahre Herrscherin Belfasts, als er in meinem Paß blättert. In seinem Kopf regiert nicht wirklich die englische Krone die alte aufsässige Kolonie, sondern die nackte Angst. Noch am späten Abend im Hotel gehen mir diese Augen nicht aus dem Sinn. Von hier aus also ist der furchtlose Columban – als die Reiterheere der Kalifen von Spanien her auch Frankreich für die neue Wüstenreligion des Islam unterwerfen wollten –, nach Gallien losgezogen, um den Germanen nach der Völkerwanderung die Architektur der gerechten, strahlenden, christlichen Stadt der Apostel und Propheten noch einmal zu überliefern. Von hier aus ist er nach Paris aufgebrochen.

Paris, Oktober 1996

Ludwig der Fromme ließ die Sainte-Chapelle als Mutter aller Kapellen Europas errichten.

Ich schlendere den Weg zur Seine hinab, nehme die Brücke zur Ile de la Cité und komme gerade in der Sainte-Chapelle an, als die Sonne aufgeht. Heute ist die alte Hofkapelle der französischen Könige ein Museum. Kein Mensch ist so früh in dem hohen Raum. Die ersten Sonnenstrahlen verwandeln ihn in eine tanzende Symphonie aus Licht. Das einschiffige große Glashaus hebt vom Boden ab. Es schwebt. Die Mauer aus Jaspis, die Wände aus flüssigem reinem Gold, die leuchtenden Fenster mit edlen Steinen aller Art geschmückt – Jaspis, Saphir, Chalzedon, Smaragd, Sardonyx, Sardion, Chrysolith, Beryll, Topas, Chrysopras, Hyazinth, Amethyst. Zwölf Apostelfiguren tragen die schlanken Pfeiler, zwischen denen die hohen und weiten Glaswände dieses Hauses wie dünnes Pergament gespannt sind, auf denen die Geschichte der himmlischen Stadt noch einmal erzählt wird. Hier haben die Christen offenbar die Schönheit des Geistes Israels mit dem Geist der Schönheit Griechenlands zu einer Einheit verschmolzen. »Schönheit ist Geist«, dichtet eine Generation später in Italien Dante über seine große Liebe Beatrice Portinari. Es ist ein Wunder. Die Fenster scheinen wie die Quelle jenes Lichtes, das sie doch nur verwandelt ins Innere weitergeben. Auch der Boden schimmert in diesem Licht aus reinem Gold.

Fast alle Museen sind Geisteskinder der Aufklärung – der nahe Louvre, die Münchener Pinakothek, das British Museum, die Sankt Petersburger Ermitage, der Prado in Madrid. Diese Museumshalle aber ist in besonderer Weise ein Geschöpf der

Revolution. Die heiligen Reliquien, für die Ludwig der Fromme in Paris den lichten Schrein der Sainte-Chapelle 1243 in fünf Jahren errichten ließ, sind wie Unrat längst verstreut, die Dornenkrone wie altes Reisig zusammengekehrt und verbrannt, die Goldtruhe der Dornenkrone eingeschmolzen. Den Revolutionären war all dies einen Dreck wert. 1793 erklärten sie auch dieses Haus, wie alle vornehmen Gotteshäuser Frankreichs, zu einem »Tempel der Vernunft«. Damals wurden den Königs- und Heiligenfiguren in fast allen Kirchen Frankreichs die Köpfe abgeschlagen, bevor die einen Scheunen, die anderen Magazine und später, nachdem auch die Religion der Vernunft unter Napoleon an ein schnelles Ende gekommen war, wieder Kirchen oder Museen wurden.

Dennoch mußte danach kein einziges Bild in dieses Museum geschleppt werden; sie waren schon alle da. In zwei Stunden wird den Besucherströmen aus aller Welt wieder Einlaß in dieses kleine Weltwunder gewährt werden. Nur jetzt, wenn es ruht, im Aufflammen des Morgenlichts, ist das Haus die ehrwürdigste Kronkapelle Frankreichs, ein unvergleichliches Gotteshaus, das einmal als Abbild der heiligen, gerechten Stadt errichtet worden war. Nach der *capilla* des heiligen Martin wird sie »Sainte-Chapelle« genannt, als Mutter aller Kapellen Europas; der geteilte römische Soldatenmantel des legendären Bischofs von Tours war seit alters her als Reichsreliquie Frankreichs verehrt worden.

Nun glüht in der Ostwand das gigantische Rosenfenster auf; draußen muß eine vorbeiziehende Wolke die Sonne wie ein sich öffnender Vorhang freigegeben haben. Die Sprache der Kathedralfenster sei »ein himmlisches Chaldäisch«, das seit langem nur noch wenige Experten zu lesen verstünden, habe ich gehört. Wie auf Megachips hat sich in diesen Bilderbögen der Geist der verschiedenen Mittelalter kondensiert, und man braucht fast immer ein Fernglas, um die alten farbigen Texte entziffern zu können. Hier aber sieht man mit bloßem Auge, daß die zentrale Fensterrose in diesem Haus in ihrem Zentrum nicht die Vision der himmlischen Stadt erzählt, sondern die vorangehenden Kapitel der geheimen Offenbarung, das Jüngste Gericht.

In der Mitte thront Christus, ein zweischneidiges Schwert im Mund, mit flammenden Augen und einem Gesicht wie die Sonne. Achtundsiebzig Zungen züngeln um diese Mitte herum und erzählen in kleinen Feldern in farbigen Episoden das Drama der ersten zwanzig Kapitel dieses letzten Buches nach – die Öffnung der sieben Siegel, das Ertönen der Trompeten, die apokalyptischen Reiter, die stürzenden Sterne, die Anbetung des Ungeheuers, der Krieg gegen die Heiligen. Am linken äußeren Rand ist in einer Vignette das Gemäuer des himmlischen Zion selbst zu sehen, darüber das thronende Lamm, das die Stadt beherrscht. Es ist ein Bild aus dem Herbst des Mittelalters, Ersatz für eine frühere erste Rose. Jerusalem war schon lange gefallen.

Ist Europas Christenheit damals auch der Traum von der Errichtung einer himmlischen Stadt auf dieser Erde entglitten? Wohl kaum. Und wäre es so, könnte es zu der Zeit ja auch nur für die römische Kirche oder die französischen Könige, nicht aber für Europa gelten. Denn Europa konnte der Traum damals schon lange nicht mehr entgleiten. Wie hätte die alte Sehnsucht hier erlöschen können, nachdem sie über Jahrhunderte gewirkt hatte? Nur hier, in Israel und Europa, war die Vision von einem Reich der Freiheit und Gerechtigkeit – in einem Leben vor dem Tod – doch so lange genährt worden. Diese Vorstellung hat keine Entsprechung in den Glaubensüberzeugungen anderer Erdteile, etwa Chinas, Indiens oder Altamerikas. Selbst die endgültige Verweltlichung Europas konnte diesem Traum nichts anhaben, wenn auch mit einer Einschränkung. Nach dem Fall Jerusalems, so scheint es, war unsere Sehnsucht nach der himmlischen Stadt ortlos geworden, »utopisch«, wie die Griechen sagen. Wie Unkraut wucherten danach neu-messianische Visionen auf dem reichlich gedüngten Boden Europas an allen Hecken und Zäunen. Von der Kirche übernahmen als erste die Schwärmer den Traum des himmlischen Jerusalems. Von der »Utopia« des Thomas Morus, dem »Sonnenstaat« Campanellas, Bacons »Neu-Atlantis« und den Bänden der französischen Enzyklopädisten verirrt sich der schöne Entwurf danach bis in die Werke von Marx, Engels und Lenin.

Moskau, Juni 1994

Zwischen den Trümmern des mörderischen Reichs der Träume.

Europa hat schon viele Trennungen erlebt und überwunden. Doch keine Grenze hat den Erdteil jemals so radikal zerschnitten wie jener Vorhang aus Irrsinn und Eisen in der Mitte unseres Hauses, an den wir uns in unserem Jahrhundert in nur vierzig Jahren so vollständig gewöhnt hatten. Und nun versuchen wir schon seit Jahren zu verstehen, daß es diesen Vorhang nicht mehr gibt, daß der Kalte Krieg vorbei sein soll. Ich kann es immer noch kaum glauben, als ich mich in Moskau in einem Café niederlasse oder zumindest in so etwas ähnlichem, im weltberühmten Kaufhaus GUM, wo es immer noch fast nichts zu kaufen gibt. Es ist ein karges Devisencafé mit großen Fenstern hinunter auf einen Platz, der auf der gegenüberliegenden Seite von den Schwalbenschwanzzinnen einer barocken Mauer begrenzt wird. Es ist ein grauer Tag zwischen den Zeiten.

Es gärt und schwelt und brennt überall, von den zerbrochenen Pforten des Paradieses her, das in diesem Imperium errichtet werden sollte. Das Reich zerfällt, Trümmer allenthalben. Berge von Schutt bedecken das Territorium, vergiftete Meere und Flüsse, verstrahltes Erdreich, verlassene Städte, überwucherte Straßen, zerstörte Menschen. Doch da drüben auf dem Platz, im Innern der kleinen roten Stufenpyramide, wird immer noch die Leiche des Reichsgründers bewacht und verehrt wie vor fünfzig Jahren. Die Wache paradiert im Stechschritt vor dem Mausoleum. Es regnet, und doch wischt ein altes Mütterchen die Stufen, wie andere Mütterchen in griechischen Bergkapellen vor den Ikonen Öl nachgießen. Wir sind mit Valeri hier, einem phänomenalen Dolmetscher und wunderbaren Exemplar jener neuen Gattung Mensch, die die ruhmreiche Sowjetunion vor allem hervorgebracht hat: den »homo sovieticus«.

Vorhin haben wir uns gemeinsam Lenin angeschaut, den berühmtesten Untoten dieses Jahrhunderts. Wladimir Iljitsch, oder Syphiljitsch, wie die Moskauer Lenin nennen, hatte Valeri noch nie gesehen. Er habe ihn nie interessiert, sagt er. Aber als wir vor dem offenen Sarkophag standen, zitterte er wie Espenlaub, während ich fassungslos auf den todschicken Schlips des Gründers starrte: schwarz mit weißen Punkten. Die Fingernägel, die Haare, der Kinnbart und Schnauzer, unglaublich. Lenin ist gar nicht tot; er ruht nur. Das ist keine Mumie. Seine Rechte hat er locker zur Faust geballt, die Linke offen. Hier wurde das Volk von seiner Unsterblichkeit überzeugt. Und hier gibt Lenin immer noch einem ganzen Institut mit zahllosen Mitarbeitern Lohn und Brot, die alle darauf achten, daß er nicht ranzig wird oder, Gott bewahre, schimmelt – schon vier Jahrzehnte lang. Ihr Direktor, der greise Dr. Sergej Debow, ist weltberühmt für seine Kunst. Er muß ein wahrer Dr. Seltsam sein, dem es in dieser Gruft gelungen ist, die Zeit anzuhalten. In diesem Raum hat unter seiner Regie das Ende der Geschichte schon viele Jahre lang eine Dauervorstellung: der Anfang der Ewigkeit. Tod, wo ist dein Schrecken?

»Meine Großeltern waren ungläubig. Nur an die Regierung glaubten sie wie an Gott«, sagt Valeri, immer noch ganz blaß. Dann redet er über das konstruktivistische Kunststück des Mausoleums, auf das er sichtlich stolz ist. Im Regen liegt das Grabmal wie die Relaisstation eines fremden Sterns auf dem Platz. Jetzt sieht man, aus welcher Ferne es stammt: Es ist eine Pyramide. Zweieinhalb Jahrtausende und viertausend Kilometer vom alten Ägypten entfernt, ist hier, im Osten Europas, am Ende des zweiten Jahrtausends noch einmal Ägypten auferstanden. Bis in unsere Tage lebten die roten Sonnengötter fort. Die holzschnittartige Propaganda des Kommunismus mit der aufgehenden Sonne war ein alter Hut. Der neue Menschheitstraum war nur die letzte Mumienschale einer im Kern uralten Matrjoschka-Puppe. Schon Byzanz hatte sich Ägypten einverleibt, danach hatte Ägypten jedoch von innen her Byzanz durchdrungen, danach Rußland, danach die Sowjetunion, Schale um Schale. Was war natürlicher, als daß in diesem Reich Kritik an den Wohltaten der göttlichen Sonne selbstverständlich ein Verbrechen war?

Der Regen klatscht gegen die Scheiben, für einen Sommertag ist es scheußlich ungemütlich. Zwei fröstelnde Natalies gehen unter dem Fenster im Windschatten auf und ab. Die Wache Nummer eins marschiert wieder mit Paradeschritten durch die Dusche. Der Kreml hinter ihnen war schon immer das Zentrum des gläubigen Rußlands. Vor diesem Komplex zitterte das russische Volk, vor ihm graute der ganzen Welt. Zuerst war der Kreml, dann kam alles andere dazu. Das hatte Lenin instinktiv erkannt, als er das dritte Rom beschlagnahmte. Mit dem zaristischen St. Petersburg, der Hauptstadt der russischen Aufklärung, konnte er überhaupt nichts ausrichten. Moskau bot sich wie kein Ort sonst als Hauptstadt für den neuen Glauben der Atheisten an.

Endlich hat der Regen aufgehört, und wir können wieder an die frische Luft. Wir wollen uns hier noch so viel ansehen. Die Kirchen des Kreml, die noch alle Museen sind, das Parteitagsgebäude, die Birken und Tannenwälder. Nur ansehen, bitte schön, nicht anfassen! Ein ständiges Gezwitscher liegt über dem Hügel. Nicht die Spatzen, sondern die Trillerpfeifen der Polizisten liefern dieses unablässige Gezwitscher und Gezirpe: Tschilp, tschilp! Bitte auf den Weg zurück! Bitte den Fuß nicht vom Bürgersteig heruntersetzen! Tschilp, tschilp! Bitte über den Zebrastreifen, nicht über den leeren Platz, die leere Straße! Tschilp, tschilp! Es müssen immer noch tausend Augen sein, die einen hier ständig im Blick haben, von Hunderten von Polizisten und Milizionären, die nur herumstehen und aufpassen, in den Gärten, den Hauseingängen, unsichtbar und sichtbar, überall, wie von Gogol gezeichnet, elegant den Gummiknüppel schwingend und mit der tanzenden Trillerpfeife an der

Schnur. Ihr Knüppel, das sieht man, ist immer noch der wahre Taktstock Rußlands.

Die kleinen Schikanen sind noch alle da, aber das Dämonische nicht mehr. Selbst die Wachen und Soldaten wissen nicht mehr so recht, warum sie einem den Weg versperren müssen. Warum? Dieses Wort hat hier kein Heimatrecht und hatte es wohl auch noch nie. Vor dem Alarmturm erzählt Valeri von einem Glockensignal, mit dem von diesem Turm aus einmal das Zeichen zu einer Palastrevolution gegeben werden sollte. Die Glocke wurde heruntergeholt, dann wurde ihr, zweitens, die Zunge, das heißt der Klöppel, herausgerissen, bevor sie schließlich auf einem Schlitten nach Sibirien in die Verbannung geschafft wurde. Das geschah unter Katharina der Großen, der großen Aufklärerin, die noch wußte, welche Sprache ihr Volk ohne Übersetzung verstand.

Von der Brücke über die Moskwa schauen wir einem Milizionär unten auf der Uferstraße zu, der mit unerschütterlicher Ruhe die Vorübergehenden herbeipfeift. Augenblicklich bleibt jeder Angepfiffene auf sein Signal stehen, wie kurz und leise es auch sein mag. Er wagt kein Widerwort, wenn der Uniformierte ihn für nichts und wieder nichts ausplündert. Mitten in der Hauptstadt wird heute wieder Wegezoll kassiert. Das muß so sein, klärt Valeri mich verständnisvoll auf, weil die Miliz zuwenig verdient. Sonst wäre alles noch schlimmer.

Rußland sei heute am Ende einer langen Geschichte wieder ein Land im Ur- und Rohzustand, ein großes Land »ohne Ordnung« darin, ein Land, das um Hilfe ruft, wie es am Anfang der russischen Geschichte in der Nestor-Chronik heißt. Freie Wirtschaft haben sie nicht in einem ordentlichen kapitalistischen Betrieb kennengelernt und natürlich nicht über die Amerikaner, sondern siebzig Jahre lang vor allem über die Lehrbücher von Marx, Engels und Lenin – als eine böse Karikatur.

Danach sieht die Stadt jetzt aus: die Umsetzung der reinen Lehre von den schwärzesten Zuständen. Nirgendwo wurde eine Klassengesellschaft reiner verwirklicht. War es also vielleicht doch ein »Reich des Bösen«, das dieses Land so heruntergewirtschaftet hat? Vor allem war es ein mörderisches Reich der Träume und tatsächlich, neben der römischen Kirche, die letzte Umformung jenes Imperium Romanum, das Augustus zur Zeit der Geburt Christi einmal über den Trümmern der römischen Republik errichtet hat. Doch seit siebzig Jahren haben hier drei Generationen, Menschen ohne Zahl, für nichts und wieder nichts gelitten, weder für Gott noch die *Civitas Dei* des Augustinus. Ohne Aussicht auf irgendeine Entschädigung sind sie in dem größten Menschheitsexperiment der Geschichte geboren worden und gestorben. Der Kommunismus war wohl das Erbe des neunzehnten Jahrhunderts; das Erbe, das dieser Großversuch nun Europa für das nächste Jahrhundert hinterläßt, ist unermeßlich.

Bei diesem Versuch konnte der Mensch natürlich nicht wirklich der alte bleiben. Siebzig Jahre sind eine lange Zeit. Von Moskau aus wurden die Menschen für Jahrzehnte zu Sozialhilfeempfängern erniedrigt, nachdem der Staat zu einem Götzen erhoben worden war. Die Erben des byzantinischen Gottesvolkes, das klügste und internationalste Volk der Erde, fiel schließlich Stalin, dem »Väterchen der Völker«, in die Hände und wurde von ihm genährt und erzogen. Seine Kinderchen, diese Menschen, die uns auf allen Straßen Moskaus entgegenkommen, kann man nur lieben, duldsam wie eh und je, hochgebildet und bestens qualifiziert, aber fast immer mit eingeschränkter Wahrnehmungsfähigkeit. Meist kommen sie uns auf einer Prothese aus Ideen und Idealen des letzten Jahrhunderts entgegengehumpelt. Der »homo sovieticus« kann denken, was er will; er ist es gewohnt, sich nicht von der Wirklichkeit korrigieren zu lassen. Nirgendwo waren die Menschen so auf die Vertröstungen des Idealismus und der Spekulation angewiesen wie in der materialistischen Sowjetunion. Die Korruption unter ihnen ist auf allen Ebenen der Gesellschaft märchenhaft. Auf die Freiheit hat sie keine Geschichte vorbereitet.

Jetzt stehen wir in der Michaelskathedrale in der Mitte des Kreml, die so vollgestopft ist mit den hohen Zarensärgen, daß kaum noch Platz für die Lebenden bleibt. Die Zahl derer, die in dem Areal gewaltsam ihr Leben ließen, ist Legion. Von dem Italiener Aristotele Fioreventi, der wesentliche Teile der Anlage entworfen hat, erzählt Valeri, daß er die zweite Frau Iwans verführte und dafür hier irgendwo eingemauert wurde. Auch Iwan liegt in der Michaelskathedrale. Die anderen Schrecklichen liegen vor der Kremlmauer.

Die toten Zaren liegen – bis auf Peter und Nikolaus – innerhalb des Kreml, die roten Zaren – bis auf Chruschtschow – außerhalb in ungeweihter Erde, auf dem Roten Platz, dem ehemaligen Hinrichtungsplatz. Hier draußen liegen verblichene Plastiknelken auf den Marmorplatten aller Gräber. Nur Stalin hat irgendein Liebender noch eine echte Rose dazugelegt. Breshnew liegt zwischen Swerdlow, dem Zarenmörder, und Dshershinski, dem Mörder der Genossen. Am 10. November 1982 ist Breshnew gestorben, ruft uns sein Grabstein in Erinnerung. Genau sieben Jahre hat es gedauert, bis der Erdrutsch, der mit seinem Tod in Bewegung kam, die Berliner Mauer erreichte und unter sich begrub.

Dubrovnik, Mai 1992

Wo einmal der Graben zwischen West und Ost zugeschüttet wurde, werden uralte Grenzen wiedererrichtet.

Die Farben des Wassers sind kristallen, türkis, smaragdgrün und kobaltblau. Die Luft ist warm, und unter uns liegt eine weiße steinerne Stadt in den Wellen, ein durch Mauern gefaßter Edelstein. Ein Bouquet von Düften lagert über der Landschaft: Jasmin, Orange, Lavendel, Salbei. Blühender Rhododendron lädt uns in einem Flur in der Stadtmitte ein, der wie ein Spiegel in der Sonne glänzt. Die Stadt heißt Dubrovnik und der Flur Stradun. Es ist der vielleicht schönste Corso Europas und die Achse der steinernen Stadt. Ein Meeresarm trennte hier früher einmal die alte befestigte Insel vom Festland, bis die lateinischen Seefahrer des westlichen Stadtteils und die slawischen Bauern des östlichen den Graben zuschütteten.

Seit damals ist der marmorglatte Weg die Prachtstraße dieses einzigartigen Gemeinwesens, die immer voll ist von Menschen, die offenbar nichts tun, als sich ihrer Existenz zu erfreuen. Millionen Füße haben die weißen Steinquader so blank poliert, daß sich die Stadt in ihnen spiegelt. Am Ende muß ich die Hand über die Augen halten, so flimmernd hell ist das Morgenlicht. Es ist hier so lieblich, so friedlich. Die Feigensträucher tragen Frucht, die Wedel der Palmenfarne wiegen sich im Atem des Mittelmeeres, bald werden die Knospen der Oleander in jeder Mauerritze aufbrechen.

Von Anbeginn an lag Dubrovnik an der Schnittstelle zwischen Ost und West, doch immer dem Westen zugewandt und zugehörig. Keine einzige reguläre Straße führte ins innere Festland, nur ein Pferde- und Eselspfad. Die Hauptstraße Ragusas, wie Dubrovnik damals hieß, ist das offene Meer. Unmittelbar hinter den Hügeln aber herrschte hier schon immer eine andere Kultur und Geschichte – zuerst das orthodoxe Byzanz, dann die muslimischen Osmanen, dann die orthodoxen Serben und Bulgaren. Juden waren die einzigen Andersgläubigen, die innerhalb der Stadtmauern geduldet wurden; Muslimen und orthodoxen Christen hingegen war der Aufenthalt in der Stadt nach Sonnenuntergang verwehrt, weil sie als fünfte Kolonne der Herren des Hinterlandes gefürchtet waren.

Während die Serben unter den Osmanen über Hunderte von Jahren dem Schlaf des Orients anheimfielen, blieb der winzige Stadtstaat lateinisch und dynamisch wie kaum ein anderes Gemeinwesen des Abendlands. Die Verfassung der reichen Handelsrepublik aus dem Jahr 1272 galt bis ins letzte Jahrhundert. Die Stadt ist romanisch, gotisch, barock; sie veränderte sich mit dem Westen, oft als erste: 1417 wurde in ihr zuerst der Sklavenhandel als »verbrecherisch und widernatürlich« verboten. 1431 trat einer ihrer Patrizier auf dem Konzil von Basel als der entschiedenste Vertreter einer Union zwischen der Ost- und Westkirche hervor, vergeblich; es war zu spät. 1808 kassierte Napoleon die Freiheit der Republik, wie man eine Blume pflückt.

Dieser Geschichte verdankt Dubrovnik seinen Reichtum, inzwischen längst als Touristenmetropole. Die Segnungen des vierzigjährigen Sozialismus scheinen an ihren Mauern abgeperlt zu sein wie ein Frühjahrsregen. Auch jetzt sind hier alle Hotels bis auf das letzte Bett belegt. Doch diesmal zahlen die Gäste nicht. Diesmal ist die Stadt mit Flüchtlingen vollgepfercht, seit Monaten schon. Auf den Bänken schlafen Kinder, den Daumen im Mund, daneben junge Mütter mit weißen Haaren, den Kopf am Tisch auf den Arm gelegt. Ihre Wäsche flattert von den Balkons der ausgebrannten Hotels. Auf den Terrassen des »Libertas« haben sie Gemüsebeete angelegt, in den Restaurants Notschulen für die Kinder eingerichtet. Die Stadt wirkt wie eine Falle, wenn die Fähre zwischen den herabgestürzten Bussen und LKWs an den Uferböschungen, der zerstörten Kühlhalle, den versenkten und durchlöcherten Schiffen, der verkohlten Abfertigungshalle in den Hafen hineingleitet.

Karsthügel schützen wie ein hochgeschlagener Mantelkragen vom Land her die Stadt. Kein Eroberer kam jemals über diesen Riegel. Aber jetzt sitzen die Serben geradewegs auf dem Kragensaum. Mit bloßem Auge sind die Feldzeichen über ihren eingegrabenen Stellungen und verdeckten Tanks zu erkennen, manchmal der spiegelnde Reflex ihrer Feldstecher. Auch auf dem Corso spürt man, wie sich die Kluft zwischen dem Osten und dem Westen wieder öffnet, die hier einmal zugeschüttet wurde. Neun Gebäude links und rechts des Stradun sind bis auf die Grundmauern abgebrannt. Fünfundsiebzig Granaten regneten allein auf die dreihundertfünfzig Meter dieser Placa. Auf Schritt und Tritt begegnet man den häßlichen Sternen, die die Granatsplitter in die glatten Pflastersteine gerissen haben – das sind die wahren Sterne im Wappen des neuen Jugoslawiens.

Der Spiegel hinter dem Waschbecken des Friseurs ist zersplittert. Der Druck der Explosion vor seiner Tür war so stark, daß er selbst im Bad noch die Bleirohre wie Kaugummi in die Wand gedrückt hat. Warum das alles? »Aus Neid!« brummt der Mann und führt das Messer die Kehle entlang, »weil sie eine Stadt wie Dubrovnik noch nie besessen haben.« Er seift mich ein zweites Mal ein. »Und aus Haß. Schauen Sie sich die Gesichter an! Die Generäle der Serben sind fast alle Weltkriegswaisen, die sich jetzt an der Welt rächen wollen.« Er kneift die Augen in dem zerbrochenen Spiegel zusammen und spreizt die Hände, das Messer zwischen den Fingern der Rechten. »Und aus Faulheit! Warum sollen sie arbeiten, denken die sich, wenn man das Geld doch viel einfacher beim Nachbarn holen kann. Lange genug hat es ja geklappt.« Die Tür steht offen. Schüsse peitschen vom Hügel her, zwei, drei Minuten lang. Der Friseur zuckt die Schultern. »Jetzt sind sie wieder besoffen. Man kann die Uhr danach stellen. Nach dem Mittagessen sind sie blau, dann wird geballert. Gott sei dank nicht sehr genau.«

Swonimir, ein junger Architekt, der wie ein Italiener aussieht und auf einem der wackeligen Stühle wartet, hört amüsiert zu. »Neid, Haß und Faulheit. Das kann man auch anders sagen. Was heißt das, daß die Serben so etwas wie Dubrovnik nicht haben? Sie hatten kein Mittelalter, heißt das, keine Romanik, keine Gotik, keine Renaissance, keine Neuzeit; den Weg in eine bürgerliche Gesellschaft haben sie nie gekannt. Darum wissen die Serben auch gar nicht, was das ist: Dubrovnik. Für sie ist sie ›die steinerne Stadt‹. Was soll da schon dran sein? Weg damit! Weiterentwicklung war in der Orthodoxie nie vorgesehen. Sie sind in Byzanz steckengeblieben; über den Feudalismus sind sie selbst unter den Kommunisten nie hinausgekommen. Die orthodoxe und die lateinische Kirche haben völlig verschiedene Kulturen hervorgebracht. Slobodan Milošević hat den Unterschied vor drei Jahren in seiner Kampfrede auf dem Amselfeld einmal so beschrieben: ›Arbeiten können wir vielleicht nicht, aber kämpfen. Im Frieden haben wir immer verloren und in jedem Krieg gewonnen.‹« Auf dem Balkan ist das Haus Europa ein Witz oder ein Alptraum, mit verrückt gewordenen Mietern unter und über jeder Etage.

Im letzten Jahr lag Dubrovnik noch friedlich da wie eh und je. Das Hafenbecken konnte man zu Fuß, von einem Boot zum nächsten, überqueren. Der Krieg in Jugoslawien war nach den freien Wahlen im Jahr 1990 entbrannt. In Slowenien und Kroatien waren nichtkommunistische Regierungen an die Macht gekommen, die die Unabhängigkeit verlangten. Auf diesen Moment hatten sich die Serben jahrzehntelang vorbereitet. Die Armee war praktisch in ihrer Hand, die Waffenkammern waren bis an den Rand gefüllt, die Offiziere fast alle Serben. Mit der »Bundesarmee« hatte das Achtmillionenvolk die viertstärkste und mörderischste Kriegsmaschine Europas unter Befehl. Es schlug sofort zu.

Dubrovnik erreichte der Krieg zunächst nicht. Zu ihrem

Glück lag keine Garnison in der Stadt. Nur drei Jagdgewehre befanden sich innerhalb der Mauern, als die Armee im Herbst 1991 die Stadt erreichte. Dubrovnik war wehrlos. Fischer hatten Weltkriegsbomben aus dem Meer geborgen, um zumindest die Zufahrtsstraßen zu verminen. Doch sie zündeten nicht. Unbekannte hatten die Zündkabel durchgeschnitten. Schon vorher hatte die Soldateska das Hinterland verwüstet, die Dörfer niedergebrannt, die Kirchen und Klöster zerstört, die Wälder, Felder, Gärten und Weinberge abgebrannt, niedergetrampelt, ausgeraubt und verheert. Dann standen die serbischen Einheiten auf den Hügeln rund um die Stadt. Am 23. Oktober feuerten sie in den frühen Morgenstunden erstmals in die östlichen Wohngebiete, am nächsten Tag wieder. Der zweite Angriff im November dauerte fünf Tage. Nur noch Funkverbindungen verbanden Dubrovnik mit der Außenwelt. Der Hafen brannte, die großen Hotels wurden zerstört. Tausend Söldner aus der touristischen Konkurrenzstadt Budva hatten sich für den Angriff freiwillig gemeldet.

Fast jede Sekunde war eine Detonation zu hören. Die Armee feuerte vom Land, von der See, aus der Luft Tausende von Granaten, Raketen, Bomben. »Die jugoslawische Armee hat die Reiter der Apokalypse auf Dubrovnik losgelassen«, flehte der kroatische Rundfunk die Länder des Westens um Hilfe an. Was wollten die Serben? Die Stadt war voller Flüchtlinge, ohne Wasser, ohne Strom. Die Armee wollte in der Stadt ein »geregeltes Leben« wiederherstellen. »Entweder müssen sich die illegalen Extremisten ergeben«, ließ der serbische Kommandeur Koprivicia die Verteidiger wissen, »oder wir werden mit ihnen endgültig aufräumen.«

Wie im Mittelalter waren die alten Stadttore geschlossen worden. Auch am fünften Tag der Offensive kapitulierten die Eingeschlossenen nicht. Der schlimmste Angriff kam am Nikolaustag. Von morgens sechs bis abends sechs regnete es am 6. Dezember Granaten vom Himmel, diesmal vor allem in die Altstadt, die Schatzkammer Dubrovniks. Dreiunddreißig Geschosse trafen allein die Franziskanerabtei. »Das haben die Kroaten selbst gemacht«, verkündete Radio Belgrad. Der nächste Morgen ging über rauchgeschwärzten Ruinen auf. Danach war Ruhe. Seitdem ist die Stadt belagert.

Pitsch! machte es heute morgen scharf und leise am Strand, wo zwei Männer ein Boot ins Wasser lassen wollten, Sekunden später folgte ein Knall. »Immer bewegen!« sagt mein Begleiter Jadran, ein besonnener Seemann. Ich schaue ihn an. »Die Gefahr droht, wenn man nichts hört«, beantwortet er meinen Blick. »Wer den Knall hört, hat immer schon Glück gehabt. Den Knall hören nur die Überlebenden.«

In den leeren Räumen des Rektorenpalasts sind die Bilder abgehängt und aus den Rahmen genommen. Blinde Flecken schauen einen von den alten Seidentapeten an. Alle transportablen Kunstschätze sind an geheimen Orten vergraben. Die Nonnen des Sigurata-Klosters haben aus den Leitflügeln der Artilleriegranaten, die ihr Dach durchschlugen, Kerzenhalter gemacht. Brennesseln wuchern aus zersplitterten Jalousien feuergeschwärzter Fensterhöhlen. »Es bleibt dabei«, notierte der fünfunddreißigjährige Max Frisch im Mai 1946 in Frankfurt, »bei dem Gras, das in den Häusern wächst, bei dem Löwenzahn in den Kirchen. Und dann kann man sich plötzlich vorstellen, wie es weiterwächst, wie sich ein Urwald über unsere Städte zieht, langsam, unaufhaltsam, ein menschenloses Gedeihen, ein Schweigen aus Disteln und Moos, eine geschichtslose Erde, dazu das Zwitschern der Vögel, Frühling, Sommer und Herbst, Atem der Jahre, die niemand mehr zählt.«

In Dubrovnik jedoch stemmen sich die Menschen schon jetzt gegen nichts so sehr wie gegen die Geschichtslosigkeit. Mitten im Krieg wird wieder aufgebaut und neu gestrichen. Das Gebell der Waffen von den Hügeln stört nicht einmal mehr die Kinder beim Spielen, sie hören nicht auf zu rufen, lachen, schreien. Um sieben Uhr schließen die letzten Cafés. Auf dem Heimweg dringen aus einem Fenster Partygeräusche durch den lauen Abend – Gläserklingen, Lachen, laute Lieder. »Was ist das?« fragt Jadran. Kroatisch sind die Lieder nicht, bosnisch auch nicht. Sind sie vielleicht serbisch? Da beugt sich ein Kopf heraus, eine Hand zieht die Fensterläden zu. Mehr als über die regelmäßigen Schüsse ist die Stadt über die TV-Geräte an den Stromkreis des Krieges hinter den Hügeln angeschlossen – Schreckensbilder rund um die Uhr, sogar in die Spielfilme werden zusätzlich zu den Untertiteln die jeweils neuesten Nachrichten der Greuel eingeblendet.

Die schwache Notbeleuchtung des Hotels ist wieder eingeschaltet. Ab zehn Uhr ist Ausgangssperre, wie jeden Abend. Gestern war es so still wie noch nie zuvor in der Bar, gefährlich still. Doch heute soll es da unten wieder ein Konzert geben, der beste Männerchor Zagrebs ist angekündigt, der Barkeeper hat das Geld schon vorher eingesammelt. Ich stolpere durch den Irrgarten des verdunkelten Hotels, über die Treppen, endlosen Gänge und Flure, mit denen eine ganze Reihe ehemaliger First-Class-Hotels miteinander verschachtelt und verbunden sind, in denen die Aufzüge schon lange nicht mehr funktionieren. Schließlich kommt mir aus der Bar der »Villa Orsula« der Männergesang schon von weitem entgegen. Ein dicker Tenor singt das »O sole mio« so innig, daß ihm die Adern fingerdick an der Stirn hervortreten. Die Party ist schon in vollem Gange. Die lachenden UN-Soldaten sitzen wieder an einem Tisch: die beiden Captains aus Nigeria und Kenia, der Russe, der Jordanier und der norwegische Colonel Pedersen, am Tisch daneben die EG-Beobachter in Zivil wie ein Collegium von Studienräten. Die italienischen TV-Teams sind von der Jagd zurück. Schießende Soldaten haben sie heute nicht erwischt; so mußten sie sich einmal mehr mit Bildern der zerstörten Dörfer begnügen. Der Männerchor macht eine Pause. Der schwedische Botschafter trinkt mit Colonel Pedersen noch einen Whisky. »As time goes by« klimpert der Pianist mit den tiefliegenden Augenhöhlen und dem schmalen Schlips.

Der funkelnde Kosmos spannt sich über die menschenleere Veranda. Das Tschiptschip der Mauersegler ist verstummt. Fledermäuse sausen als Schatten durch die Luft. Blütenschnee hat die Pitosforbäume im Park übersprenkelt und verströmt noch einen letzten Atemzug ihres schweren Dufts über das Meer. In der Bucht ist nur der Block der Jesuitenkirche schwach angeleuchtet, die belagerte Stadt eine schwarze Silhouette. Der Pianist stimmt »Lili Marleen« hinter den Fenstern an. Mischas gurgelnder Tenor weht auf die Veranda heraus.

Drüben in Sarajevo, wo 1914 ein Attentäter den Kontinent ins Verderben stürzte, tritt jetzt ein ganzer Staat als Attentäter auf; eine Nation läuft Amok. Bald wird keiner mehr den Irrsinn des Kommunismus begreifen können, aber die Spaltung zwischen Osten und Westen wird die Völker noch Jahrhunderte in Atem halten. Dieser uralte Konflikt zwischen der Welt, in der Papst und Kaiser einmal bis zur Erschöpfung miteinander um die Herrschaft und das Volk gerungen haben, und jener Welt, in der die Herrscher in all ihrer Willkür selbstverständlich wie Päpste, mehr noch, wie Gott verehrt wurden. »Wir sind alle Serben, sagen die Serben«, lacht Swonimir, »das einzige, was uns zufällig trennt, sagen sie, ist das bißchen Religion. Darum möchten sie auch diesen kleinen Unterschied nun gerne auslöschen, um es uns leichter zu machen, die großen Gemeinsamkeiten zu erkennen.«

Doch was wollen die Serben wirklich, und wie wollen sie je wieder nach Europa hinein? Oder wollen sie das gar nicht? Wollen sie vielleicht als ein neues Sparta mitten in einer Welt westlicher Demokratien leben? Wollen sie Blutsuppe essen? Für wie lange? Das neue Europa ist wieder ein Europa der Stämme und Stammeskämpfe geworden. Wir schauen fassungslos auf orthodoxe Popen, die gegen das lateinische Kroatien einen »heiligen Krieg« für den »heiligen serbischen Boden« ausrufen. Das ist die Mutter aller nun folgenden Ereignisse auf dem Balkan. Während im Westen die Grenzen fallen, werden im Osten die ältesten Grenzen wiedererrichtet.

Warum stoppt diese Maschine keiner, fragt jeder in der Stadt. »Können die Europäer es sich erlauben, daß mitten in Europa von verblendeten Despoten willkürlich solche Flüchtlingslawinen losgetreten werden?« Sicher scheint nur, daß die Abermillionen Touristen heute im Gegensatz zu den Pilgern des Mittelalters den Städten ihrer Sehnsucht nicht mehr mit dem Schwert zu Hilfe kommen. Dafür schwellen nun hinter den Bergen die Ströme der Vertriebenen täglich an. Schon ist wieder der größte Treck seit Kriegsende unterwegs, ein Millionenheer. Wo sollen sie hin?

Eine Leuchtgranate taucht plötzlich den Schattenriß der Kieferninsel gegenüber in rotes Licht. Schüsse peitschen von der Hügelkette herab, ein kurzer Feuerstoß antwortet von unten. Dann verblaßt das bengalische Leuchten, und die Insel sinkt zurück in die Dunkelheit.

Pamplona, Juli 1991

Auf den Spuren Hemingways, eines Kirchenvaters der europäischen Nachkriegsliteratur.

Plakate und Fahnen von allen Terrorgruppen der westlichen Hemisphäre lachen von den Wänden. In der Calle Jarauta in Pamplona, der Hauptstadt Navarras, bin ich in einer baskischen Guerrilla-Bar gelandet. »Raus mit den Spaniern!« ist leuchtendrot auf die gegenüberliegende Mauer gesprüht. »Das ist nicht Spanien!« ist daneben auf einem halb abgerissenen Plakat zu lesen. Was mögen sie damit meinen? Soll das heißen, daß auch Spanien ein Völkergefängnis ist wie Jugoslawien? Oder meint das Plakat vielleicht einfach nur die Tausende von Männern und Frauen ohne Dach über dem Kopf, das Trommelfeuer der Kracher, den Gestank nach Urin und Erbrochenem in allen Straßen und Gassen? Hinter der Markthalle stinkt es besonders stark.

Es ist Fiesta, San Fermin, das Fest des Westens, seit Ernest Hemingway diese Orgie erstmals beschrieben hat, während Panzer und Granaten jenseits der Adria Städte, Dörfer und Menschen von Vukovar bis Dubrovnik verwüsten. Auf dem katholisch-bischöflichen Gymnasium, das ich in den sechziger Jahren in Aachen besuchte, habe ich weder über Ambrosius und Augustinus noch über andere Architekten und Städteplaner der heiligen Stadt in Europa so viel erfahren wie – immer wieder fächerübergreifend im Deutsch-, Englisch- und Religionsunterricht – über Ernest Hemingway. Damals war er schon lange der neue Kirchenvater der europäischen Nachkriegsliteratur geworden. Kaum ein Dichter jener Zeit, dem er nicht die Schrift neu ausgelegt hat. Und hier, in Pamplona, hat er das himmlische Festmahl seiner Generation beschrieben.

Hinter der Kirche liegen dösende Irokesen im Schatten der Bäume auf den Kasematten, menschliche Wracks in der Blüte ihrer Jahre. Dem Standbild eines Heiligen auf der anderen Straßenseite hat jemand den Kopf abgeschlagen. Ich blicke über das Plateau, auf dem Pamplona liegt, und auf den Hochhausgürtel, der heute die Stadt wie früher die Wehrmauern umschließt. Ich gehe die Zinnen der sternförmigen Festungsanlagen entlang, die noch heute verraten, daß diese Stadt einmal die südlichen Pyrenäenzugänge verriegelte. Auf dem Aachener Karlsschrein habe ich im letzten April noch die alten Grundmauern dieser Zitadelle bewundert, wo in Gold getrieben festgehalten wird, wie Karl der Große die Stadt »Pampelun« eroberte. Kurz danach blies sein Markgraf Orlando in einer Schlucht nicht weit von hier, da hinten am Paß, sein Gehirn durchs Horn, um seinen König in einem hinterhälterischen Gemetzel zu Hilfe zu rufen, das die autonomiebesessenen Basken der Nachhut der Karolinger gelegt hatten – vergeblich.

Schicksalhaft für Europa wurde die Stadt jedoch erst, als dem Edelmann Iñigo Lopez de Loyola 1521 unten in der Calle San Ignacio bei dem vergeblichen Versuch, die Stadt gegen die Franzosen zu verteidigen, ein Bein zerschmettert wurde. Die Kugel warf den jungen Basken aus dem Sattel all seiner Pläne und Lebensentwürfe. Eine Messingplatte auf dem Bürgersteig zeigt die genaue Stelle an, wo Pamplona durch diesen Treffer zum Damaskus der Gegenreformation in Europa wurde. An diesem Tag wurde der Ritter in einen Pilger verwandelt, wie Europa seit den Tagen Columbans keinen mehr gesehen hatte; bis nach Indien, Japan, China wird der umstürzende »Pilgerbericht« gebracht, in dem er sein Leben aufgezeichnet hatte. Ohne die »Gesellschaft Jesu« der Jesuiten, die er gründete, wären heute Bayern, Böhmen oder Litauen nicht wiederzuerkennen.

Das barocke Europa würde ohne Ignatius von Loyola fehlen. Die Leidenschaft des Bruder Ritz in Rom wäre ohne ihn ohne Nahrung geblieben. Das letzte Crescendo der Architektur und Bilder der Stadt Gottes auf Erden wäre ohne diesen Offizier nicht zu denken. Es war das letzte einheitliche Gesicht, das Europa trug. Hunderte der schönsten Orte des Kontinents wurden in dieser Zeit der Unruhe noch einmal wie steinerne Harfen errichtet, in denen sich die Leidensgeschichte Europas bis heute wie ein Liebeslied an das himmlische Jerusalem verfängt – von Wilna über Passau, Salzburg und Graz bis Salamanca. Beseelt von der Heiligen Stadt, gründeten damals die ersten Nachfolger des Ignatius in der neuen Welt, in Paraguay, einen fast kommunistischen, hochmodernen Indianerstaat, der Instrumente baute, auf denen die zu ihrer Zeit schönste Kirchenmusik der Welt erklang. Und gewiß hätten wir ohne Ignatius von Loyola eine viel farblosere Welt. Die ganze Geschichte wäre anders verlaufen.

Oben in der Kathedrale treffe ich Jake wieder. Ich hatte ihn schon mehrmals in der Menge gesehen. Er sitzt in der letzten Bankreihe und hat die Hände gefaltet. Ich nehme den Hut ab, setze mich in die Bank davor und wende den Kopf ein wenig zurück. Es ist so still, daß man sogar Gedanken lesen kann. Gerade betet Jake für irgendeine Lady Brett, einen Mike, einen Bill, einen Bob und für sich und die Stierkämpfer, für die, die er besonders gut leiden kann, einzeln, für die anderen en gros, dann wieder für sich und daß die Stierkämpfe gut werden und die Fiesta schön wird. Dann überlegt er, wofür er noch beten soll und daß er doch gern eine Menge Geld verdienen möchte, und überlegt weiter, wie das gehen soll, und betet, daß er noch besser schreiben lernt, sehr gut, besser als alle anderen, und darüber muß er an etwas Komisches denken, was er mit einem Grafen erlebt hat, und denkt dann an die Freundin, die er sich mit dem Grafen teilt, und schämt sich ein bißchen, während er die Stirn weiter gegen seine gefalteten Hände gepreßt hält. Jake ist bekannt wie ein bunter Hund in der Stadt und ein weltberühmter Mann. Er ist der älteste Sohn Hemingways. Ich gehe hinaus zu der Säule, wo mein Kollege Serge wartet und in die Sonne zwinkert. Ich hänge mein Jackett über die Schulter. Es ist so heiß, daß ich schon auf den Stufen der Kathedrale spüre, wie die Sonne die feuchten Innenseiten meiner Hände trocknet.

Am späten Nachmittag treffen wir Jake vor der Bar »Marceliano« wieder. Aber jetzt treffen wir ihn mit Mike, Bill, Bob und Brett zusammen, auch mit seinem Grafen und vielleicht vierzig, fünfzig weiteren Doppelgängern oder Brüdern und anderen Söhnen seines potenten Papas, dem viele hier wie aus dem Gesicht geschnitten gleichen oder sich in seinen Posen üben: Bart vor, Bauch raus, Beine breit und mit einer Flasche vor der Stirn oder einem Glas in der Hand. Jahr für Jahr versammeln sich die verstreuten Kinder Papa Hemingways vor dieser Bar, aus allen Alters- und Gewichtsklassen, aus allen Ländern – eine verlorene Generation. Aus Amerika hat einer von ihnen, als er nicht mehr dabeisein durfte, vor zwei, drei Jahren seine Asche hier in die Gosse streuen lassen. Denn in der Bar hat der Dichter, nach dessen Drehbuch hier alle zu leben versuchen, sich am liebsten betrunken. Kein Schild, kein Foto erzählt davon. »Da hat er immer gesessen«, sagt Axel, ein bärtiger Bürokaufmann aus Flensburg, »und da und da und manchmal auch da.« Der Mann weiß mehr über Hemingway, als dieser selber über sich gewußt haben mochte. Axel zeigt uns Fotos von den immensen Stiertrophäen in seiner heimatlichen Dreizimmerwohnung. Natürlich ist er jedes Jahr zur Fiesta hier, außerdem ist er eingetragenes Mitglied des lokalen Club Taurino. »Das hier ist eins der letzten Männerfeste der Welt«, weiß sein Freund. Wir heben mit diesen wackeren und wankenden Opfern der Weltliteratur das Glas und nehmen noch einen Schluck von diesem Gemisch – und diesem Leben, dieser Illusion und sogar dieser Ekstase, dieser Intensität und diesem Wahn aus zweiter Hand.

Zurück auf meinem Zimmer zieht ein Gewitter nach dem anderen unter dem Balkon vorbei, die Mariachi-Kapelle, die Salsa-Band, die Reggae-Combo, die Indianer aus den Anden, die einen betrunken, die anderen bekifft, wieder andere mit Satteltaschen voller Coca-Blätter, alle mit einem fürchterlichen Getöse, das sich hundertfach in den engen Gassen bricht. Dumpfe Trommeln donnern durch die Schlucht. Eine Alka Seltzer sprudelt leise im Zahnputzbecher. Ich starre auf den Sprung im alten Waschbecken, als ich mir noch einmal den Kopf unter den Wasserhahn halte. Die Bohlen knarren, als ich zum Bett gehe. Irgendwo im Haus schlägt eine Tür im Durchzug. Eine Prozession begleitet mich in den Halbschlaf. San Fermin, der erste Christ Pamplonas, wird als schaukelnde geschmückte Vogelscheuche als der letzte Götze durch eine brodelnde Menschenmenge getragen. Zu seinen Ehren ist die Straße in einen Pfad der Tier- und Menschenopfer zurückverwandelt worden. Hinter dem Heiligen schwanken in großen Puppen die Mauren und katholischen Könige über die tausendköpfige Masse.

Ich knipse die Lampe wieder an. Kracher und Heuler gehen unter dem Fenster in dem Gegröle hoch. Fünf Bands spielen durcheinander auf der Plaza. Ein Feuerwerk steigt an der Zitadelle hoch. Die ganze Stadt explodiert. Eine Stadt als Partykeller, Spanien als Europas Vergnügungsviertel. Gegen diese Fiesta ist das Münchener Oktoberfest eine Vorstadtkirmes, die zu Ende geht, wenn hier das verzweifelte Gieren nach Glück erst richtig anfängt. »Was in der Fiesta geschieht, hat keine Folgen!« wird an den Tischen der Ausländer die beschwörende Litanei aus dem Gebetbuch der Hemingwayianer immer wieder zitiert: »Es ist absolut unsinnig, während der Fiesta an Folgen zu denken.«

Ich nehme das Buch noch einmal auf und blättere darin, solange der Schlaf nicht zurückkommen will. »Die Sonne geht wieder auf!« hat Hemingway dem Buch ein Motto aus der Bibel nach dem Weisheitsbuch Kohelet vorangestellt, »sie geht auf und geht unter und jagt wieder atemlos an den Ort zurück, wo sie wieder aufgeht. Eine Generation kommt, die andere geht. Der Wind weht nach Süden, dreht nach Norden, dreht,

dreht, weht. Windhauch, Windhauch, sagt Kohelet, es ist alles nur Windhauch.« Alles nur ein Windhauch, auch dieses Buch? Es ist doch ein Meisterwerk, ein Roman ohne Anfang und ohne Ende, das minutiös beschriebene Nacht- und Tagewerk von vier Nichtstuern und Müßiggängern mit der liederlichen Lady Brett. Noch ein Glas und noch ein Glas und noch eine Eskapade von der Lady und noch eine Gemeinheit von Bill oder Jake oder Mike. Ich höre auf, die Gläser zu zählen, denn es wird unentwegt getrunken in dem Buch, in keinem Werk der Weltliteratur wird so viel gebechert. Mal sind die Helden veilchenblau, mal sturzbesoffen, mal sternhagelvoll, mal berauscht, mal beschwipst, mal sehr betrunken, mal breit, »borracho«, »muy borracho« und so weiter, doch immer gemein, böse, hinterlistig. Drei Antisemiten und ein Jude, der eine impotent, der andere ein Bankrotteur, der dritte ich weiß nicht was.

Und wie ging Jakes Weg weiter? Bei seinem Gebet in der Kathedrale, dem wir vorhin lauschten, hörte ihm Gott aufmerksam zu, und natürlich auch der Teufel. Jedenfalls wurden alle seine Gebete erhört. Bald verdiente er Geld wie Heu. Sein Bericht über die Fiesta wurde sein erster Welterfolg. Er trank weiterhin zuviel. In Pamplona war er noch ein bißchen geschwätzig. Später gesellte sein wortgewaltiger Schöpfer ihm jedoch in vielen Romanen immer wortkargere Brüder zu, bis Papa selbst sich schließlich, stumm geworden, an einem schönen Julimorgen des Jahres 1961 die beiden Läufe seines Lieblingsgewehrs in den Mund steckte. Die Explosion riß ihm den Kopf weg. Aber seine Geschöpfe sind nie gestorben. Tausendfach sind sie der Asche seiner Havannas entstiegen. Pamplona ist ihr Blocksberg, wo die Saufbolde und Junkies Europas in einem Reigen tanzen.

Siena, Juli 1994

Zweimal im Jahr feiert diese Stadt, um ihre kriegerischen Kräfte zu bannen.

Ein Festmahl wie dieses wird in Europa kein zweites Mal mehr bereitet: im Freien, gleich siebzehnmal gleichzeitig am selben Abend, zweimal jährlich, Jahr für Jahr. »Andere Italiener sind überzeugt, daß mit uns etwas nicht stimmt«, erzählt Dr. Sderci beim ersten Glas Chianti. »Es gibt ja auch keine Kriminalität in Siena.« Er weist die Straße hinauf, die bis zur Chiesa dei Servi in einen Festsaal mit drei Tischreihen nebeneinander verwandelt wurde. Die Bewohner vom Stadtteil der Widder lassen sich gerade mit bestem Wein und fünf Menügängen bewirten. Der Himmel spannt sich als Zelt über diesen Saal. Die Frauen und Mädchen haben gekocht, die Jugendlichen bedienen die Alten, die Kinder, die Männer und Frauen; es sind an die 1300 Personen. Der Gesang will kein Ende nehmen. »Der Sieneser Kalender begann immer neun Monate vor dem Kalender anderer christlicher Städte«, lächelt Dr. Sderzi und gießt Wein nach, »nicht mit der Geburt Christi im Winter, sondern mit Maria Verkündigung am 25. März davor, also mit der Zeugung Christi, der Fleischwerdung. So waren wir der Zeit schon immer ein Stück voraus.«

Für diese Schönheit, den Frieden der Festtafel, das Fehlen von Verbrechern, von Mördern, Mädchenhändlern und Drogendealern gebe es natürlich viele Ursachen, führt der Dottore weiter aus, doch eigentlich nur einen Grund: Zweimal im Jahr, und zwar zu diesen Festen, herrschte in Siena Krieg, am 2. Juli, dem Fest der Heimsuchung Mariens, und Mitte August, am Fest Mariä Himmelfahrt. Es sei ein ernster, kein gespielter Krieg, jedoch ein Krieg, der als Fest begangen werde.

Das sei der »Palio«. Der Frieden Sienas beruhe auf Todfeindschaft.

Diese Stadt auf dem Berg besteht in Wahrheit aus siebzehn Städten, wenn auch manche dieser Kleinststädte fast nur eine Straßenecke oder zwei, drei Straßenzüge umfassen. Alle tragen entweder stolze oder geheimnisvolle Namen: Adler, Schildkröte, Raupe, Wald, Igel und dergleichen mehr. Diese sogenannten Contraden hießen lange Zeit einfach Compagnias. Im Mittelalter sind sie als nachbarschaftliche Genossenschafts- und Verteidigungsverbände um die vielen kleinen Pfarrkirchen entstanden, neben denen sie auch heute noch ihre Sitze haben. Sogenannte Priore stehen ihnen vor. Aber in den Tagen des Palio, im Kriegszustand, übernehmen für drei Tage in jeder Contrada ein Capitano mit zwei Leutnants mit weitreichenden Befugnissen und großzügigen Mitteln für Bestechungsversuche, Sabotage, Spionage, Erpressungen und Verräterkauf die Macht. Auch diese Festtafel wird aus der Kriegskasse bezahlt. Das macht den Gesang so laut und kräftig. Denn der Krieg, der im Palio gipfelt, ist ja kein Bürgerkrieg, sondern eben ein Krieg dieser siebzehn Städte untereinander. Parteienhaß und brudermörderische Gewalt von Jahrhunderten haben sich in diesem Fest kondensiert.

Die Vergangenheit der Toskana birgt wie kaum ein anderer Landstrich in Europa eine alte Kultur der Konkurrenz, aus der einmal unsere moderne bürgerliche Welt hervorgegangen ist. In den Stunden des Palio wird die muschelförmige Piazza di Campo in der Stadtmitte zu einer offenen hohlen Hand, auf der diese Vergangenheit aufbricht. Dann ist in dieser gotischen Stadt das Modell für eine Zivilisation zu bewundern, wo der »Wille zu siegen und den Gegner zu erniedrigen« in ihrem Zentrum gebändigt ist. Siena ist kein Experiment; die Stadt der Jungfrau läßt sich nicht von Sozialingenieuren nachbasteln. Hier kann man nur schauen und staunen. Der Palio ist Sienas harter Kern, der sich von der Renaissance bis heute aus der Geschichte herauskristallisiert hat.

Damals entschieden noch Messerstechereien oder Faust- und Stockkämpfe die Sieger aller Contraden. Heute entscheidet hingegen ein Pferderennen, wer über die anderen triumphieren und mit dem »Palio«, das ist der Name eines jedesmal neu bemalten Tuchs, durch die Stadt ziehen darf. Bei diesem Rennen werden die Pferde durch Los zugeteilt und die Reiter gemietet. Das Pferd kann aber auch ohne Reiter siegen. Darum werden die zugeteilten Gäule in den Contraden eine Woche lang wie Götter gepflegt und verehrt. So ist das Schicksal selbst, Fortuna, die eigentliche Hauptfigur des Palio. Die Reiter stehen nur für den winzigen Rest, mit dem sich das Schicksal eventuell noch ein wenig hierhin oder dahin ziehen läßt. Darum sind die Jockeys hochbezahlte Söldner von auswärts, Condottiere, meistens aus Sardinien, jedenfalls die ausgesuchtesten und rücksichtslosesten Galgengesichter Italiens. Die hinterhältigsten Visagen finden sich im Zentrum dieses wundervollen Festes, wo sie schließlich die Mitte umkreisen werden, in der das Volk sich sammelt. Denn im Gegensatz zu jeder anderen Arena steht im Palio die Bevölkerung im Zentrum des Geschehens.

Im Rennen selbst ist jede noch so miese Kriegslist erlaubt. Nicht nur, daß die Reiter ihren Konkurrenten die Peitsche ins Gesicht schlagen dürfen, selbstverständlich werden die Pferde auch gedopt. Von verschiedenen »Substanzen« ist die Rede; jedes Mittel ist erlaubt. Der Wert der Jockeys richtet sich nach ihrer Verruchtheit, nach ihren Reitkünsten fast weniger als nach ihrer Fähigkeit, im letzten Moment die Farbe zu wechseln und zu verlieren, weil sie sich gleichzeitig an andere verkauft haben. Ständige Geheimverhandlungen gehen jedem Palio bis zum Start voraus.

Zu Beginn des Rennens ist es immer noch brüllend heiß. Über Stunden hat der Campo sich entlang des vorrückenden Schattens mit den Bewohnern Sienas gefüllt. Jetzt liegt der Platz endlich völlig im Schatten. Nur das Goldgelb der Kostüme der Adler leuchtet noch wie ein letzter Sonnenfleck von den Bänken der Tribüne vor dem Palazzo Pubblico. Das Platzinnere ist zum Bersten gefüllt. Seit Jahrhunderten führen die Abordnungen der einzelnen Contraden in einer strengen Prozession quälend langsam ihre Pferde über die umlaufende Rennbahn in den Innenhof des Palazzo. Siena tritt aus sich und seiner Vergangenheit heraus wie aus den alten Gemälden der Sieneser Meister, gemessen, in unendlich gedehnter Zeit. Pagen mit der Lorbeergirlande für den Sieger beschließen endlich den Zug; dahinter kommen Besenkehrer, die die Bahn sauberfegen.

Um zehn nach sieben werden keine Zuschauer mehr in das Innere gelassen. Die ansteigende Spannung hat den Campo inzwischen in einen tobenden Trichter verwandelt. Jetzt verlassen die Jockeys den Palazzo und geleiten die Pferde lässig über die leere Bahn zum Start. Schwalben zucken im aufgeregten Sturzflug über der brodelnden Masse. Die Contraden werden nacheinander in die Seilabsperrung hineingerufen, um sich zum Start zu formieren: Raupe, Muschel, Widder, Gans, Schnecke, Schildkröte, Wald, Panther, Adler. Doch das Startzeichen gibt der letzte Reiter, wenn er in diesen Corral eindringt. Er ist das Zünglein an der Waage: Bastiano, der Jockey der Igel, ein eiskalter Hund. Er zuckt mit keiner Miene unter der Welle von Schmähungen, unter denen den Zuschauern die Nerven durchgehen. »Los, du Arschloch! Worauf wartest du? Hurenbock! Drecksack! Sauhund! Los-los-los-los!!«

Doch Bastiano lauert. Drei Fehlstarts seiner Gegner spannen die Nerven aller wie das Startseil selber an. Bastiano lauert weiter. Die Pferde scheuen, springen zur Seite, drehen sich vor dem Seil im Kreis. Die Reihe formiert sich, fällt wieder auseinander, ein ständiges Hin und Her. Bis jetzt hören die Jokkeys nicht auf zu tuscheln, zu mauscheln und ihre verkniffenen Gesichter untereinander zu tückisch grinsenden Grimassen zu verziehen. Da bricht Bastiano plötzlich mit einem unglaublichen Satz in die Absperrung. In derselben Sekunde fällt das Seil, und die Pferde schnellen los. Der Wald wird schon an der Startlinie ausgebremst. Die Augen können kaum folgen. Weniger als ein Atemzug, und alles ist entschieden, die Erwartung eines Jahres. Die zweite Kurve trägt zwei Reiter hinaus, drei Pferde stürzen, an der Casato-Kurve fliegt der nächste durch die Luft über die Brüstung, fünf Pferde sind schon führerlos. Es ist ein Rasen in immer schnellerem Galopp, kein Rennen, ein Rasen – und ein fürchterlicher Aufschrei der Panther. Das war's. In zweihundert Sekunden hat sich die Stadt verwirklicht. Die Panther haben gewonnen und stürzen zur Umarmung des Pferdes auf die Bahn, ein jubilierender Nervenzusammenbruch.

Am Sonntagabend liegt die zwölf Meter lange Lorbeergirlande zertrampelt auf der Piazzetta di San Quirico vor der Kirche. Kinder spielen unbeschwert Fangen zwischen den Tischen, an denen die Panther ihren Sieg auskosten. Der Abend ist so sanft, so heiß. Da liegt plötzlich ein Strohhut vor mir auf der Straße. Jemand muß ihn verloren haben. So einen Fächer kann ich gerade gebrauchen. Kein Mensch ist zu sehen. Pfeifend verschwinde ich um die nächste Ecke. In der Ferne verlieren sich die Trommelwirbel der siegreichen Panther über den Dächern Sienas, als ich dann aber doch auf Zehenspitzen zurückgehe und den Hut wieder auf die Straße zurücklege, mitten auf das warme Pflaster. Hut ab vor dieser Stadt auf dem Berg, deren Festbankette geradewegs als eine Verlängerung der Tischreihen des Himmels auf die Erde hinunterragen. So geht es längst nicht in allen Städten und Dörfern unserer Geschichte zu, die in biblischer Erinnerung auf so viele der Berge und Hügel Europas gepflanzt wurden.

Vézelay, Juni 1991

Ein Pilgerziel der Feinschmecker am Fuß des Hügels, von dem Europa einmal nach Jerusalem aufbrach.

Maria Magdalena, die Freundin Jesu, Befreierin der Gefangenen, Schutzpatronin der Zigeuner, soll hier im Herzen Galliens gelandet sein. Durch sie ist La Sainte Madeleine in Vézelay zuerst zu einem Gipfel der Romanik, einer wahren Krone dieser Landschaft, und heute zu einem Pilgerziel der Fotografen geworden. Ein bemoostes keltisches Kreuz ragt hier mitten in Burgund über dem Hauptportal in die Höhe. Über dem inneren Tympanon fährt der Wind in die Kleider Christi – Pfingsten zu Stein erstarrt. Hinten rechts im Chor ist ein kleines Stückchen Knochen hinter einem geschliffenen Bergkristall in eine Säule eingelassen. Dort läßt sich das Glied wie unter einem Vergrößerungsglas betrachten: klein, uralt, mit einer zierlichen Perlenkette und einem Golddraht auf Goldblech gehalten, ein Fingerchen der prominenten Heiligen, mit dem sie einmal den Herrn gestreichelt und ihm gewinkt hat.

Seit Hunderten von Jahren ist der Anblick dieses heiligen Hügels unverändert. Er taucht plötzlich zwischen zwei anderen Hügeln in der Ferne auf. Links neben der Kathedrale schlängelt sich ein Schotterweg durch dichtes Gebüsch und Gestrüpp den Berg hinunter, eine alte Hauptverkehrsstraße des Abendlands mit herrlichen Aussichten in das weite Land an jeder Biegung. Dreihundert Meter tiefer führt sie vor einer weiten großen Mulde an zwei aufgerichteten Steinbrocken mit einem Holzkreuz vorbei. Das war einmal die mächtigste Kanzel der Christenheit. »Wo die Not ist, ist Gott!« hat Bernhard von Clairvaux von diesem Felsklotz aus einer riesigen Menge in dieser Freilichtarena zugeschrien, als er am Ostermorgen

1146 zum zweiten Kreuzzug aufrief. »Was den Vögeln die Flügel sind, das ist den Christen das Kreuz!« Am Weihnachtsfest wiederholte er den gleichen flammenden Aufruf vor den Deutschen im rosafarbenen Dom zu Speyer, dessen Bögen wie die Basilika in Vézelay an den maurischen Säulenwald der Moschee von Córdoba erinnern.

Große Not herrschte damals in Jerusalem. »Dieu le veut! Gott will es!« antworteten ihm im Geschrei die Ritter, als sie von hier aus in den Nahen Osten aufbrachen. »Dieu le veut!« riefen sie bis zu den Zinnen Zions. Ganz Europa machte sich von hier aus in einer beispiellosen Selbstentäußerung nach Jerusalem auf. War es das, was Gott wollte? Und offenbart die gute Küche Frankreichs vielleicht noch einen letzten Nachgeschmack jenes himmlischen Festmahls, dem die Völker Europas damals so sehnsuchtsvoll entgegeneilten? War die Tafelrunde nicht das vornehmste Kulturgut des Abendlandes und der Tisch ein Möbelstück der jenseitigen Welt?

Jules Roy, ein alter Dichter, wohnt einen Schlängelweg höher an der Place de la Madeleine. Mit den alten Ursulinengärten besitzt er die schönsten Terrassen des Dorfes. Neben einer alten Birke steht dort eine Steinbank, die mit den Jahren die Farbe von Baumrinde angenommen hat. Sein letztes Buch hat Monsieur Roy »Vézelay ou l'amour fou« genannt, verrückte Liebe. Er ist ein Soldat aus der Generation der europäischen Helden, der Städte wie Aachen und Dresden bombardiert hat. Jetzt, an seinem Lebensabend, ist Monsieur Roy bestürzt über »das Gewicht der Dummheit in der Welt, in der die Alten die Kathedralen bauten, die wir in unseren Kriegen zerbombt haben«.

Gleichwohl hat der Golfkrieg ihn noch einmal sehr berührt. »Dieser Krieg war etwas anderes. Er war doch ein Kreuzzug. Worum ging es denn sonst, wenn nicht um die heiligen Stätten, die Wiege der Zivilisationen und Religionen?« Aber was, fragt er, eine die neuen Kreuzritter? Das Öl? Er schweigt. Dann läßt er von seiner Frau eine Flasche Wein auf den Tisch stellen und einschenken. Das Christentum sei es jedenfalls nicht, sagt er schließlich. Der Glaube spiele in Frankreich keine Rolle mehr. Die Christen hätten die Kirche schon lange vor der Revolution verkauft; sie hätten sie selbst zerstört.

Seine Hoffnung aber ist die Zukunft, das neue Europa. »Diese starken Völker!« Das habe er schon im Krieg gedacht, als er seine Einsätze über Deutschland flog. »Europa ist der Gipfel der Menschheit, die Mutter der Weisheit. Europa hat zuviel Krieg erlebt. Jetzt sehen wir, wie schrecklich wir uns geirrt haben. Europa muß ein Volk werden! Das können bisher nur die Kosmonauten sehen.«

Die Hoffnung Frankreichs, »L'Espérance«, liegt nur zehn Minuten von hier entfernt am östlichen Fuß des heiligen Hügels von Vézelay. Unter den Luxusrestaurants des Landes gilt dieses Haus als die Nummer eins. Als wir auf dem kiesbedeckten Vorhof ankommen, landet hinter dem Haus ein Hubschrauber. Von der Hauptstadt hierhin gibt es eine regelrechte Feinschmeckereinflugschneise. Auf der Terrasse zum Garten nehmen wir unseren Kir ein. Über uns erglüht die Madeleine im Abendlicht. Die Amuse-gueule explodieren geradezu auf der Zunge: kleine frittierte Granätchen, die mit flüssiger Gänseleber und Portwein gefüllt sind.

Von Gang zu Gang sprechen wir immer offener darüber, wie die Franzosen zu ihrer guten Küche gekommen sind. Wie es der politischen Entmannung der französischen Provinzen durch Paris zu danken ist, daß den Adligen des Landes schließlich gar nichts anderes mehr übrigblieb, als nur noch Mätressen zu streicheln und Gänse zu stopfen – bis auf diejenigen unter den Größten Frankreichs, die das Privileg hatten, in Versailles den Nachttopf des Sonnenkönigs zu leeren. Wir danken es ihnen und dem schändlichen Absolutismus, als wir uns die Pastete servieren lassen, die »Jesus in Samthöschen« genannt wird, auch sie unbeschreiblich delikat.

»Trinken wir noch ein Glas, das die Deutschen nicht kriegen sollen!« lächelt am Nachbartisch ein Feinschmecker dezent, als er das Glas vor seinem Gegenüber hebt. Das ist ein gut französischer Toast, nichts Persönliches. Auch wir lassen daher ohne Arg noch eine Flasche Burgunder kommen. Dazu spinnen wir unsere Analyse zum Barsch in der Kaviarsauce weiter, wie zum Beispiel nach der Revolution die arbeitslos gewordenen Köche der Adligen ihre Künste an die bürgerliche Klasse weitergaben.

Während wir fabulieren, werden immer weitere Köstlichkeiten aufgetischt. Allmählich beachten wir schon mehr die Liturgie der Kellner als die Kunstwerke auf unserem Teller. Sie kommen uns jetzt vor wie die Ministranten, die am letzten Sonntag oben zum Hochamt in der Basilika fehlten.

Die verführerische Tarte de Chocolat zum Kaffee aber bekommen wir schließlich beim besten Willen nicht mehr hinunter. Mir wird schwummerig, als ich noch eine geöffnete Schachtel mit kandierten Früchten sehe. Vorsichtig schiebe ich den Deckel über die Schachtel, während der Maitre noch ein wenig mit uns plaudert. »Man lebt hier in der Gegend ganz einfach, wissen Sie, mit den Jahreszeiten, der Sonne, dem Schnee.« Er nimmt einen Schluck von seiner Grenadine, fährt sich mit der Hand über die Stirn und murmelt: »Der Platz ist mystisch!« Als wir endlich um die Rechnung bitten, denken wir, daß schon der Gerechtigkeit halber hier die Gourmets zuerst so gestopft und nachher so gerupft werden wie die berühmten Gänse, deren pralle Lebern sie so gerne verzehren. Doch Irrtum. Der Preis ist nicht höher als auf anderen Fixsternen des erlesenen Geschmacks. Dennoch finden wir gerade noch den Weg in unser Hotelbett zurück, bevor unser Magen so gegen diesen König der Köche rebelliert wie der dritte Stand gegen den letzten armen Ludwig.

Thorn, Mai 1991

Kopernikus brachte das Weltall in Unordnung.

In einer Nische steht ein Mann mit Pelzkragen, der sich über einem Schriftstück abmüht. »Erstens: Für alle Himmelskreise gibt es nicht nur einen Mittelpunkt«, schreibt Nikolaus Kopernikus, setzt die Feder ab und seufzt. »Zweitens: Die Erde ist nicht der Mittelpunkt der Welt. Drittens: Alle Planeten umkreisen die Sonne als ihren wahren Mittelpunkt. ... Sechstens: Die Sonne dreht sich nicht um die Erde, sondern umgekehrt.« Kurz: Die Erde sei nicht mehr einzigartig und der Gipfel der Schöpfung, sondern lediglich einer unter vielen Planeten.

Die Sonne soll sich nicht um die Erde drehen? Jedes Kind sieht ja schließlich jeden Morgen, wie die Sonne auf-, und jeden Abend, wie sie untergeht – »geht«, wohlgemerkt, nicht »steht«. Dennoch hat mit diesem blühenden Unsinn die Neuzeit begonnen. Deshalb haben wir unser neues Weltbild nach Kopernikus benannt und schließlich sogar einen Krater auf dem Mond nach ihm getauft. Einen größeren Einfluß aber hat Kopernikus auf die Landkarten der Erde gehabt.

Doch der Reihe nach. Dieser Koppernik schreibt seine zweifelhafte Relativierungstheorie mit vierunddreißig Jahren um 1507 in Heilsberg im Ermland, wo er Arzt und Domherr ist. Als Gerücht ist die Sache schon uralt. Und seit Kolumbus achtzehn Jahre vorher über den Westen nach Indien gesegelt ist, kann nun auch experimentell als bewiesen gelten, daß die Erde mehr einem Apfel als einem Teller gleiche.

Dreiunddreißig Jahre später, 1543 also, veröffentlicht Kopernikus seine Verdrehungen in seinem Hauptwerk »De revolutionibus orbium coelestium«. Die Welt wandelt sich verschiedentlich. Martin Luther hat von Wittenberg aus Rom schon aus der Mitte der Welt herausgehebelt. Die »Umwälzung und Umdrehung (revolutio) des Himmels und des Weltalls«, von der Kopernikus spricht, ist auf der Erde, in Europa, schon in vollem Gange. Wer, wenn nicht Kopernikus, kann einen seit damals zu dem Gedanken verführen, es gäbe vielleicht neben unserer noch andere Welten? Mit unserer Welt könnten wir darum auch ein bißchen herumexperimentieren und spielen, sie wäre vielleicht für den einen oder anderen Versuch gut, und sollte er nicht klappen, könnte man auf einer anderen Welt noch einmal von neuem beginnen?

Seit damals tun wir jedenfalls so, als sei diese Erde nur zum Üben da. Als hätten wir mehrere Erden zur Verfügung. Seit damals haben wir pro Jahrhundert mindestens eine neue Idee oder Theorie, die von genau dieser Voraussetzung auszugehen scheint. So kamen wir etwa nach unserem Traum von der Errichtung der Stadt Gottes auf der Erde zum Imperialismus, zur Rassenlehre, zum Nationalismus oder zum Sozialismus, dem letzten großen Experiment in dieser Reihe und dem bisher gigantischsten Menschenversuch, den die Welt je gesehen hat. Die kopernikanische Revolution stand als erste in jener Reihe von Revolutionen, die wir kaum verstanden und nie richtig verdaut haben.

Mit Kopernikus ist der gesunde Menschenverstand in eine heillose Krise geraten: Die Erde soll eine Kugel sein, und der Horizont bleibt doch überall eine ebene Linie. Die Sonne steht angeblich bewegungslos in der Weltallmitte und geht doch weiter auf und unter. Nachkopernikanische Experimenteure und Gesellschaftsingenieure – Nationalisten, Sozialisten und Nationalsozialisten – haben es dahin gebracht, daß Menschen im Westen heute kaum noch wissen, wo die schöne Stadt im Osten liegt, die Brügge in Flandern so gleicht. In unserem Jahrhundert haben wir für siebzig beziehungsweise vierzig Jahre jeweils unsere halbe Welt verloren. Zwei Generationen lang war Europa für die Menschen im Westen und im Osten klein; jetzt müssen wir alle neu lernen, wie groß es ist.

Jetzt taucht die jeweils andere Hälfte wie das versunkene Atlantis wieder vor uns allen auf. Mit Ruß und Schmutz überkrustet erscheint der Osten jetzt wieder vor Westeuropa, verwahrlost, heruntergewirtschaftet. Er war immer da, neben uns, und dennoch untergegangen in einer Sturmflut der Ideologie und einer Unterwelt der Herrschaft des Gedankens und der Idee über das Sein und die Menschen. Selbst die Landkarten, die in diese Welt führten, waren verschwunden.

Der Weg von Berlin nach Thorn ist nur etwa vierhundert Kilometer weit. Die Strecke führt vollständig durch das zweite deutsche Reich vom Anfang dieses Jahrhunderts. Gleich hinter Thorn an der Weichsel begann damals das Zarenreich. Polen gab es nicht, nur als Erinnerung, als Sprache der Dienstboten, als Hoffnung romantischer Träumer, als Gedenken an den ehemals größten Staat Europas, einen multinationalen Staat, der so tolerant war, daß die im Westen verfolgten Juden massenweise dorthin emigrierten. Eine der ersten demokratischen Verfassungen der Welt wurde in Polen formuliert, und dennoch haben die Polen während der letzten zwei Jahrhunderte nur zwanzig Jahre lang in Freiheit gelebt. Im Jahr 1795 war von Polen eigentlich nur die lateinische Kirche zwischen den preußischen Lutheranern im Westen und den orthodoxen Russen im Osten übriggeblieben – über hundert Jahre lang, bis 1918.

Nach dem Ersten Weltkrieg verlief der sogenannte Korridor durch diesen Landstrich zur Küste, der dem neuen polnischen Staat zwischen den deutschen Provinzen Pommern und Ostpreußen hindurch einen Weg zur Ostsee freihalten sollte. Es war Hitler ein leichtes, den Zweiten Weltkrieg hier zu entzünden. Ausgerechnet hier wurden dann die Juden wie nirgendwo sonst systematisch von denen ausgerottet, vor denen sie schon Jahrhunderte zuvor geflohen waren. Die Deutschen verwandelten den polnischen Himmel in den größten jüdischen Friedhof der Weltgeschichte. Nach dem Zweiten Weltkrieg wurde das heutige Polen von Stalin von Osten nach Westen geschoben. In Jalta hatte Stalin das Unternehmen vor Churchill mit zwei Streichholzdöschen auf der Bankettafel demonstriert.

Jetzt ist die gesamte Landschaft zu einem Zeitkorridor geworden. Wir kommen durch Traumlandschaften und Alptraumstädte nach Thorn. Ganze Landstriche kehren auf einmal in unseren Blick zurück. Heute sehen wir erst, wie hoch die Berliner Mauer wirklich war. Alles war halb, unsere Litaratur, unser Weltbild, unsere Landkarten. Alles, was wir für das Ganze hielten, war eindimensional.

Birkenalleen durchkreuzen die Landschaft, Barockkirchen ragen aus Dörfern hervor, gotische Ställe, Renaissancescheunen. Kastanienüberschattete Chausseen führen an Fischteichen vorbei, durch Buchen-, Kiefern-, Eichenwälder. Frösche quaken in hohen Wiesen, sehr zum Wohl der vielen Störche. Bäche durchrieseln die Wiesen und Koppeln. Sensenschwingende Arbeiter grüßen von den Feldern. Das Heu wird mit Pferdefuhrwerken eingefahren. Bahnwärter lassen Schranken herab und öffnen sie wieder.

Schließlich präsentiert sich die alte Stadt Thorn am Abend von der Brücke über die Weichsel aus: die Stadtmauern, die Backsteinschiffe der Johannes-, der Jakobs- und der Marienkirche, der flämische Marktturm, an dessen Uhr schon Kopernikus 1417 die Zeit ablesen konnte, die alten Bürger-, Lager- und Stapelhäuser der Hanse. Kein Schiff weit und breit, der Fluß ist versandet. Die Brücke zittert unter jedem Lastwagen. Links von ihr leuchtet die blaßblaue Neonschrift des »Hotel Kosmos« durch die Dämmerung über dem Fluß. Das Hotel dahinter heißt »Helios«. Der alte Bernsteinweg kreuzte hier einmal die Weichsel.

Die Stadt ist schon auf den ersten Blick schön, ein Vorposten der Gotik aus einer Zeit, die zwar polnisch, deutsch oder französisch, aber noch nicht national dachte und in der deutsche Ordensritter nach dem Scheitern der Kreuzzüge im Nahen Osten diesen Stil in ihre neuen Kolonien nach Osteuropa mitbrachten. Seit dieser Zeit etwa haben fast alle Orte der Gegend neben ihren polnischen auch deutsche Namen. Thorn ist eine kleine Universitätsstadt, mittelalterlich, im Kern fast dörflich. Im letzten Weltkrieg sind die Fronten so schnell über sie hinweggegangen, daß wohl kein Haus zerstört wurde.

Wegen Kopernikus ist die Stadt zu einem Pilgerziel aller Schulklassen des Landes geworden. Tausend Kleine werden jeden Tag durch die Gassen geschleust, wo ihnen die Lehrerinnen die Gedenktafeln vorlesen. Das Taufbecken, wo er getauft wurde, die Weichsel, an der er spazierenging, das Denkmal vor dem Rathaus, das ihn als »Terrae Motor Solisque Caelique Stator« rühmt, als den Mann, der »die Erde in Bewegung und die Sonne und den Himmel zum Stillstand« brachte, und natürlich das Kopernikus-Museum, ein schönes gotisches Haus an der Stelle, wo einmal sein Geburtshaus stand. Ein großes Foto vom ersten Fußabdruck Neil Armstrongs im trockenen »Meer der Ruhe« auf dem Mond begrüßt uns gleich in der Eingangshalle, das uns vorgaukeln soll, das andere Bein, das diesen Jahrtausendschritt gemacht hat, stehe in Thorn.

Man hört den polnischen Papst im Radio aus der Tür jeder Küche in den Wohnzimmercafés und Restaurants, erstmals im »freien Polen«, wie er sagt, wo er jetzt die Helden der Solidarität daran zu erinnern versucht, daß »die Befreiung von der Herrschaft des Unsinns nicht direkt zu einer sinnvollen Welt führt«.

An der Jakobskirche steigen Luftballons mit Papst-Konterfeis in den Himmel. Die Gemeinde umkreist nach der Messe in einer Prozession die Kirche – alte Männer und Frauen mit Fahnen und Schärpen vorweg, der Meßner in einem durchscheinenden Kittel über der abgetragenen Jacke dahinter. Schneeweiße Kommunionkinder streuen hinter ihm Blumen auf den Weg. Ihnen folgt unter dem Baldachin der junge Priester in Festgewändern, der sich hinter der Monstranz verbirgt. Scharen von Meßdienern klingeln mit ihren Schellen in einem fort. Hinter ihnen kommt das Volk. Eine stehengebliebene Zeit auf Wanderschaft. Krzysztof, mein polnischer Begleiter, ist ein erlesener Skeptiker, wie es nur ein Pole sein kann. Er blickt mich belustigt an: »Das ist das Polen, das die Zaren und die Preußen überdauert hat, später die Nazis, jetzt die Kommunisten. Jetzt sind sie wieder einmal die einzige Kraft, die von der alten Gesellschaft übriggeblieben ist«. Das Vertrauen zu den Machthabern des Staates ist noch nicht richtig zurückgekehrt nach Polen.

»Unser Problem ist, daß wir sogar die Grundregeln der Demokratie in der Kirche gelernt haben. Wie man dem Staat widersteht, haben wir in Rom gelernt. Wo Rom einmal war, ist die Sehnsucht nach Freiheit nie mehr ganz verschwunden, und auch die Kritik an den Herrschern nicht und die Lust an der Opposition. Es stimmt, wir können mit der Freiheit nicht umgehen. Aber wir können es auch nicht ohne sie.« Er lacht: »Weißt du, daß Juliusz Słowacki uns schon 1848 in einem Gedicht einen slawischen Papst prophezeit hat? Das weiß hier jedes Kind. Wir haben nie ohne diese Hoffnung gelebt.«

Mit einer vagen Bewegung nach Osten fährt er fort: »Da drüben hatten die Völker ja nie einen Anwalt. Dort gab es weder einen Kardinal Mindszenty wie in Budapest noch einen Kardinal Wyszyński wie in Warschau, noch einen Kardinal Tomašek wie in Prag, noch sonst einen Bischof, dem es in den Sinn gekommen wäre, den Herrschern die Stirn zu bieten. Selbst die Oktoberrevolution war eine Potemkinsche Revolution. Nachdem der Zar erschossen war, schwor man gleich dem nächsten Zaren die ewige Treue. Die eigentliche Revolution kommt dort erst noch. Bis jetzt kennt Rußland überhaupt keine Revolutionen wie England, Amerika oder Frankreich, nur Palastrebellionen. Diese Welt hat ihre Völker nur als Objekt, aber überhaupt noch nicht als Subjekt kennengelernt.« Er hört sich selber zu und lächelt genießerisch.

Vierzig Jahre Diktatur haben diesen polnischen »homo historicus« nicht in einen »homo sovieticus« umwandeln können. »Schau dir mal die neuen gelungenen Revolutionen in Europa an. Schau hin: Europa reicht wirklich nur so weit nach

Osten, wie die gotischen Kathedralen stehen. Auf der einen Seite Polen, die DDR, die Tschechen, die Slowaken, Ungarn und bald die baltischen Staaten, auf der anderen Seite Rumänien, Bulgarien, Albanien und der Rest der UdSSR. In Jugoslawien verläuft der Riß zwischen Kroatien und Serbien. Schau dir die Ruinen der Kirchen in Ostpreußen an. Das ist nichts anderes als die alte Bruchstelle zwischen der lateinischen und griechischen Welt. Das ist der Westen und der Osten. Hinter dieser Scheidelinie stürzten von den Mongolen bis zu den Kommunisten die alten Reiche der orthodoxen Welt unter dem Ansturm mächtigerer Herrscher immer wieder wie Sandburgen zusammen. Dieses Gebäude hier ist zwar nicht die östlichste gotische Kathedrale, wohl aber eine der östlichsten Jakobskirchen des Abendlands. Gegen die Herrschaft des Islam sind wir von hier aus zu Fuß bis nach Spanien gepilgert, nach Santiago, über fünftausend Kilometer hin und zurück. Das ist Europa.« Jetzt lächelt er maliziös. »Geglückt oder gelungen ist natürlich noch ein bißchen voreilig, was unsere neuen Revolutionen betrifft. Dennoch hat Polen jetzt schon jedenfalls wieder einmal Europa gerettet. Denn diese Kirchenmauern da haben Polen geschützt, sie haben unsere ganze Opposition geschützt, auch die Solidarnośc. Ohne unseren Mann in Rom würde eure Berliner Mauer heute noch stehen.«

Wir sind zur Trabantenstadt »Junge Eheleute« hinausgefahren, zu gigantischen Schuhkartons aus Beton an der Endstation der Straßenbahn. Birken umstehen den verlassenen Platz. Ein riesiger Himmel überspannt das Land. Wie weit reicht der Westen wirklich nach Osten? »Vielleicht muß die Frage anders gestellt werden«, sagt Krzysztof, »vielleicht muß heute gefragt werden, wie weit der Osten nach Westen reicht. Sieh dir Thorn an. Die Stadt ist so klein, daß sie leicht zu Fuß durchwandert werden kann. Aber das alte Thorn ist nicht die Stadt, das ist nur eine Erinnerung. Das hier ist die Stadt. Hier wohnen die Menschen. Bald wird es ein Klacks sein, das ganze Politbüro zu verhaften. Aber wer wird alle diese Plattenbauten wieder wegsprengen? Das ist der Osten. Er reicht längst von Sibirien bis nach Berlin. Der Westen ist das, was hier jahrhundertelang gewachsen ist, der Osten das, was nach 1945 überall zu wuchern anfing. Ganz Irkutsk, eine Millionenstadt, sieht nur noch wie eine Silosiedlung aus, völlig gestaltlos. Nach dem Krieg sind die Polen Weltmeister der detailgenauen Restauration ganzer Städte geworden, identitätshalber gewissermaßen, aber die Straßen zu putzen und die Häuser zu pflegen, haben wir verlernt. Sieh dir die Treppenhäuser an; sie sind Niemandsland. Das Chaos reicht bis vor jede Wohnungstür. Erst dahinter wird es anders – im Privaten beginnt wieder der Westen. Die Straßen und Plätze gehören dem Osten. Alles Öffentliche ist uns fremd und gleichgültig. Die ›res publica‹ ist auch in der neuen Republik die unbekannteste Sache der Welt geworden. Wir haben noch gar nicht begriffen, daß wir dafür verantwortlich sind, daß der Staat uns gehört und nicht wir dem Staat.«

Plötzlich kommt mir Kowalski, der polnische Immigrant aus der »Endstation Sehnsucht«, in den Sinn. Was soll man Krzysztof wünschen, ihm oder Thorn oder Polen? Daß Kopernikus endlich revidiert wird? Daß wir endlich wieder die Erde zum Mittelpunkt des Universums erklären, ohne Alternative und ohne eine andere Erde in Reserve? Oder daß Kopernikus vielleicht doch noch recht behält? Daß es wirklich noch andere Planeten neben der Erde geben möge, auf denen noch einmal ein Neuanfang möglich wäre. Einen »neuen Himmel und eine neue Erde« gar?

Santiago de Compostela, September 1991

Das Jerusalem des Westens, auf das hin sich Europa in der Pilgerschaft neu formierte.

Eine Brise vom Atlantik weht durch das Kellergewölbe, in das links und rechts zwei Treppen hinunterführen. Ein silberner Stern leuchtet aus einem Winkel hervor. »Dreh dich um, Europa!« lese ich ihm gegenüber auf einer bronzenen Inschrift: »Von Santiago aus rufe ich dir zu, altes Europa, in einem Schrei voller Liebe: Kehr um und begegne dir! Sei wieder du selbst!« Ich lese die bronzene Inschrift noch einmal in dem Dämmerlicht der Krypta und dreh mich wieder zu dem silbernen Sarg des Apostels Jakobus um, vor dem der Aufruf in die Wand eingelassen ist. Ein paar Kerzen flackern. Und wirklich kein Kreuz, sondern ein getriebener Stern leuchtet blaß in der schwarzen Marmornische über dem Sarkophag. Allein dieses Grabes wegen gibt es dieses Bauwerk, diese Stadt und Europa so, wie es geworden ist. Hier ist das Ende der Milchstraße, auf der früher einmal die Götter zur Erde glitten, hier liegt Sankt Jakob im Sternenfeld, Santiago de Compostela – das »Jerusalem des Westens«, wo die Hüter dieses Grabes einmal wie Päpste residierten und die Könige Asturiens zu Kaisern krönten.

Jaakov, der Fischer aus Galiläa, ließ seinen Vater bei den Netzen sitzen, um dem vorbeiziehenden Jesus zu folgen, von dem er glaubte, daß er König der Juden werden würde. Seiner Reliquien wegen wurde der Ort von Anfang an nach Jakob benannt, als wäre die ganze Stadt eine Kirche. Viele halten es längst für einen ausgemachten Schwindel, daß die Knochen dieses Fischers vom See Genezareth siebenhundert Jahre nach seinem Tod ausgerechnet hier oben im äußersten Winkel Spaniens gefunden worden sein sollen, über viertausend Kilometer Luftlinie von Jerusalem entfernt, wo er starb. Die Knochen des Jakobus in dieser Schatulle, lächerlich. Es ist ein Witz von der Art, von denen Voltaire nicht genug kriegen konnte. Erst jetzt, wo bald keiner mehr an die Echtheit der Knochen noch an die Apostel selber glaubt, wird auch solcher Spott allmählich kleinlich. Denn von der Wunderkraft dieser Knochen berichtet keine einzige Legende. Dennoch hat der Glaube, der auf ihnen ruhte, Weltreiche hin und her bewegt. Hier kehrte sich nach der Entdeckung des Grabes vor zwölfhundert Jahren die Geschichte Europas um. Santiago wurde zum Wendepunkt des Westens. Mehr als jeder Lebende hat Jakobus Jahrhunderte nach seinem Tod gewirkt. Mehr als jeder Herrscher und Politiker hat dieser Apostel damit für die Selbstbehauptung Europas getan. Spanien hieß damals im übrigen Europa bis hinauf nach Schweden »Jakobsland«. Der Westen war Jakobs Erdteil.

Ich steige aus der Krypta die Treppen hoch. Gleißendes Licht taucht das Innere der Jakobskirche vom Hauptportal her in ein goldenes Flimmern. Frauen mit Einkaufsnetzen wechseln vom Platz der Silberschmiede quer durch die Kirche zum Platz der Unbefleckten Empfängnis. Am Glorienportal legt eine Japanerin mit Schleier ihre Hand in die abgegriffene Wurzel Jesse. Ich lasse den Blick durch die Höhe streifen. Da oben begannen die steinernen Figuren der Romanik erstmals zu lächeln. Damals schauten sie hier in ein neues Zeitalter hinein: in eine Zukunft, die schon lange unsere Vergangenheit ist. Ihr Gesang ist stumm geworden. Nur das Licht und der Schatten umspielen weiter ihre Mienen.

Als ich durch das Portal auf die Freitreppe trete, muß ich die Hand vor die Augen nehmen. Das Licht des nahen Ozeans spiegelt sich im Himmel. Bemoost wächst das Granitgebirge des Kathedralenmassivs hinter mir in die Höhe – die blühenden Steine Santiagos. Flechten umranken die Galerien, Gestrüpp wuchert wie Schmuck aus den Balkonen hervor, ein gelber Pilz überzieht die Steinquader, violette Blumen wiegen sich im Wind. Hoch oben blickt Jakobus aus einer offenen Tür nach Westen. Die gekreuzten Degen des Santiago-Ordens, ein Stern und Muscheln sind um ihn herum, die Wahrzeichen dieses Hauses und der Stadt, des Kampfes, der Erleuchtung und der Pilgerfahrt.

Die Zeit steht still. Nichts hat sich hier jemals geändert, seit ich diesen Platz kenne. Welche Stadt ruht so in sich? Meine Augen folgen dem Schatten, der mit der sinkenden Sonne die Kathedrale hochklettert. Bald sind nur noch die Spitzen der Türme golden im Sonnenlicht. Und dann ist auch das vorbei. Die Nacht bricht an. Fünf Gaslaternen leuchten milchiggelb an der Fassade auf. Der Platz wird kleiner in der Dämmerung, nach Sonnenuntergang rückt er zu einem Innenhof zusammen, der die Wärme des Tages noch Stunden in seinen Steinen bewahrt. Santiago ist eine Lunge des alten Europas. Über diese Stadt hat sich die Christenheit ausgetauscht. Über den Zirkulationswegen hierher lagerte eine Wolke aus Hühnergegacker, Hahnengeschrei, Kuhgeruch, Gekläff von Straßenkötern, geschrieenen und gemurmelten Gebeten und eine endlose Debatte durch die Jahrhunderte, ein einziges Gespräch.

Wo man in anderen Erdteilen Tiere und Götter in den Tempeln findet, sind es hier immer wieder nur Menschen, die in den Stein gemeißelt wurden – Gott und die Menschen als Säulen der Kirchen, Menschen als Pfeiler von Brücken, Menschen als Träger einer Stadt. Es ist das alte Menschenbild Europas, das Santiago dem Westen noch immer vor Augen führt.

In der Innenstadt ist fast jedes Haus älter als die ältesten Häuser Amerikas. Es ist eine Weltstadt, in der es die natürlichste Sache der Welt ist, ein Fremder zu sein. Reisende gehören wie der Regen zu Santiago. Jetzt glitzert dieses alte »Babylon der Zungen und dieser Karneval der Nationen«. Unzählige Quarzsplitter flimmern aus dem Granit, aus allen Mauern, im Pflaster der Straßen, bis in die Spitzen der Türme hoch als Millionen Sternchen im Schein des Mondes. Ganz Santiago scheint aus diesem Stein errichtet. Die Straßen wurden aus den gleichen Quadern zusammengefügt, wie die Häuser, an die sie grenzen, die Treppen, die Arkaden, die Tore, die steinernen Plätze. Sogar bis in die Fußböden der Bars setzt sich dieses Straßenpflaster fort. Die Stadt ist wie aus einem Block skulptiert. Wie Jerusalem selbst ist auch dieses »Jerusalem des Westens« aus einem einzigen Stein gebaut.

Das hintere Doppeltor der Silberschmiede ähnelt dem Hauptportal der Grabeskirche Jerusalems. Im Osten begrenzt die Plaza de la Quintana eine hundert Meter lange Klagemauer, allerdings mit vergitterten Fenstern und Geranien darin. Die Könige David und Salomo bewachen die Puerta de la Gloria. Auch die anderen steinernen Heiligen der Stadt stammen fast alle aus Jerusalem, angefangen von Jakobus bis zu den zwölf Propheten neben der Heiligen Pforte, die sich dort aus zwölf Fenstern heraus miteinander unterhalten.

Dennoch war Santiago nie eine Quelle des Abendlandes. Die Ströme Europas mußten umgekehrt über die Berge hierhin fließen. Santiago ist eine der jüngsten unserer alten Städte. Nach der Entdeckung des Grabes trat Santiago plötzlich in die Geschichte ein. Zuvor war hier buchstäblich nichts. Als Venedig aus den Lagunen und Sümpfen emporstieg, trat auch Santiago hier aus den Wiesen und Wäldern in die Geschichte ein. Beide Städte sind ohne Altertum, ohne antike Vorgängerinnen, beide von Anfang an christlich. Und während Venedig zu einem Schrein der Schönheit Europas wurde, formte sich Santiago zum Tresor einer Erinnerung.

Die Liste der Lehrer, die in dieser Stadt gewirkt haben, ist lang und berühmt. Das Colegio Mayor im Monasterio San Martín nördlich der Kathedrale ist sogar größer als die Jakobskirche selbst. »Was Santiago heute ist, wollen Sie wissen?« fragt mich dort am nächsten Morgen Don Eugenio im Kreuzgang. »Dann müssen Sie mir sagen, was Europa ist. Dann müssen die Völker Europas zuerst herausfinden, was sie zusammen sind. Wenn diese Frage nicht beantwortet wird, wird Santiago bald nur noch eine Anekdote der Geschichte sein, wie

Delphi, wie der alte Olymp der Griechen. Denn es ist ja noch gar nicht ausgemacht, ob Europa nicht das gleiche Schicksal widerfährt, wie es Nordafrika im sechsten und siebten Jahrhundert widerfuhr. Auch diese Gebiete gehörten ja einmal, wenn Sie so wollen, zu Europa. Diesmal aber«, Don Eugenio bleibt auf unserem Rundgang stehen, »droht diese Gefahr nicht etwa durch den Islam, sondern von innen her, durch die weltanschaulich älteste Gegnerin der Christenheit: die Gnosis. Wissen Sie, was die Gnosis ist? Jetzt kennt fast kaum noch einer ihren Namen oder weiß noch, was das ist, was Europa und die Erde gefährlicher bedroht, als es jemals der Kommunismus oder die Hunnen taten.«

Don Eugenio lehrt Patristik. Der Kampf der Väter gegen die frühen Irrlehrer ist ihm in Fleisch und Blut übergegangen. »Heute erobert Zarathustra Europa. Die Gnosis hat schon die Ketzer des Mittelalters bewegt. Jetzt wird sie Rußland im Handumdrehen erobern. Selbstverwirklichung! Wer weiß denn noch, daß der älteste gnostische Traum die schimmernde uralte Illusion von der Selbsterlösung ist? Es ist vielleicht unsere faszinierendste Versuchung, die Schöpfung in Schwarz und Weiß aufzuteilen, in Erleuchtete und Verlorene. Jedesmal unter neuem Namen kehrt diese billige Versuchung immer wieder in die Geschichte zurück.«

Wir setzen uns auf die Brüstung des Kreuzgangs. »Europas Pilgerschaft nach Santiago war im Kern immer ein zähes Ringen mit dieser Gnosis.« Don Eugenio spreizt die Hände: »Das heißt, es war die Auseinandersetzung mit der Begrenztheit des Menschen, der sich nicht selbst erlösen kann, auch nicht gegenseitig, auch nicht untereinander. Wer so etwas verspricht, der lügt. Die Pilgerschaft legte dagegen Zeugnis für den Menschen ab, der immer Hilfe jenseits seiner eigenen Möglichkeiten bedarf. Es ist ein vollkommen anderes Menschenbild. Es bedeutet, daß auch für die Kirche durch die Zeiten nur Sünder zur Verfügung stehen und nicht etwa eine erleuchtete Elite oben und eine sündige und schmutzige Kaste unten. Die Pilgerschaft war die kollektive Erfahrung der Leiblichkeit, des Weges, des Staubes, des Schweißes. Gegen das gnostische Märchen von der Selbstreinigungskraft hatte der Weg nach Santiago die Erfahrung bereitgehalten, daß die Menschen sich als vergebungsbedürftige Sünder miteinander einzurichten haben. Andere Menschen gibt es nicht. Nach dieser Erkenntnis hat sich Europa entwickelt. Der Weg hierhin war eine Bejahung der Welt. Es war ein Feldzug für die Schöpfung, den Menschen, für Leib und Seele, Diesseits und Jenseits, Schuld und Sühne, für alle Seiten des Menschen, für seine Verstricktheit. Das Bewußtsein ihrer Schuld ließ die Menschen aus allen Winkeln hierherziehen. Die Notwendigkeit der Vergebung war der Preis, für den Europa freigekauft wurde. Dafür hat die Kirche Europa geeint. Die Kirche der Apostel ist das Gerüst des Abendlands, wie das romanische Santiago heute noch das Gerüst der barocken Stadt bildet.«

Nun beendet Don Eugenio seinen leisen Vortrag: »So gesehen ist Santiago wirklich wie vielleicht keine andere Stadt ein Spiegel der Selbstvergessenheit Europas, der großen Krise des Erdteils. Denn selbst in der Kirche ist der Unterschied zwischen dem, was die Kirche weiß und lehrt, und dem, was die Gläubigen glauben, schon längst um ein Vielfaches größer, als es früher der Unterschied zwischen den Konfessionen war. Inzwischen glaubt jeder längst, was er will, das heißt an die neuen Mythen, an die Ideologien, die alten und neuen Geschichtsfälschungen, die Synkretismen, an die Esoterik, die neue Gnosis ohne Namen. Das läßt sich auch in Santiago beobachten, wohin der Pilgerstrom wieder zunimmt. Auch diese neuen Pilger glauben längst jeder einzeln für sich, was sie wollen, und halten ihren Glauben für besonders christlich. Neue Sinnsucher auf Abenteuerpilgerschaft. Wahrscheinlich wissen sie gar nicht, daß sie Heideggerianer sind. ›Der Weg ist das Ziel‹, lautet fast immer, so oder so, ihr Credo. Die christlichen Pilger waren aber keine Sinnsucher. Auf dem Weg nach Santiago war nie der Weg das Ziel, sondern die Umkehr. Europa hat sich auf dieser Suche nach Vergebung, nach dem ›gran perdon‹, um die Wege nach Santiago herum entwickelt. Europa entstand auf der Pilgerschaft.«

Dieser Weg unterscheidet den Westen vom Osten. Der Osten erblühte im Kreislauf der ewigen Wiederkehr. Die Geschichte des Westens richtete sich auf diesem Weg auf die Herabkunft der himmlischen Stadt in diese Welt aus. Hier ist deshalb auch der Weg das große Thema Europas geworden und das größte Thema Spaniens. Denn der Weg verändert. Wir können es am schönsten in der Beschreibung der Abenteuer Don Quijotes nachlesen. Sein Leben stellt einen einzigen Weg dar, den er als Narr beginnt und als Weiser beendet, während sein Begleiter Sancho ihn als Realist anfängt und als Träumer verläßt – schlau am Anfang und am Ende verrückt.

Höre ich immer noch Don Eugenio zu, oder träume ich schon? Sind auch wir am Ende des Weges nach Santiago vielleicht verrückt geworden? Oder waren wir einmal verrückt, damals, als Europa hierhin aufbrach, und sind wir jetzt vernünftig? Was sehen wir, wenn wir heute von dieser Stadt mit dem Namen eines Apostels auf unser Zeitalter ohne Namen blicken?

Früh am Morgen kommen Studenten mit Bücherbündeln unter den Kolonnaden entlang, ein Pater eilt mit wehender Soutane vorbei. Nebel senkt sich auf die Stadt, während das Licht der Laternen an der Kathedralenfront im milchigen Morgen immer blasser wird. Jetzt ist der Nebel da unten so undurchdringlich geworden, daß man den Eindruck hat, er verschlucke sogar das Gewimmer der Dudelsäcke.

Doch nun höre ich Geräusche, die mich an meine Kindheit am Niederrhein erinnern: lateinische gregorianische Meßgesänge flattern wie Fahnen über der Stadt. Der Wind treibt die Wolken auseinander, die Morgensonne schneidet die Türme wie eine goldene Erscheinung aus dem grauen Einerlei. Der Platz füllt sich bis in die letzte Ecke mit Menschen, die Front der Kirche ist ein Meer gelbweißer Fahnen. »Dreh dich um,

Europa!« hallt es aus krächzenden Lautsprechern über alle Köpfe hinweg. Jetzt sehe ich auch den alten Mann da oben auf der Freitreppe hinter der Balustrade vor einem Hain von Mikrophonen stehen. Sein weißer Pilgermantel flattert. Der Wind zerrt an seinen Haaren. Es ist der Papst. »Kehr um!« ruft der Nachfolger des Apostels Petrus noch einmal in seinem knarrenden Spanisch: »Desde Santiago te lanzo, vieja Europa, un grito lleno de amor, vuelve a encontrarte! Sé tu misma! Aus Santiago rufe ich dich, altes Europa, mit diesem Schrei voller Liebe! Kehr um! Wende dich! Begegne dir wieder! Sei du selbst!« Der Wind treibt die weiteren Worte fort, er ist ein Orkan geworden. Staubwirbel steigen auf.

Handwerker schrauben die Tafel im Keller der Kirche über dem Silbersarg an die Wand. Ich bin noch einmal die Treppe heruntergestiegen und lese die Inschrift ein weiteres Mal, zum vierten oder fünften Mal. Aber kann denn ein Erdteil hören? Sich drehen? Sich begegnen? Mein Blick bleibt am Datum dieses Hilfeschreis aus dem fernen Galicien hängen: »9. November 1982«. Kann ein Kontinent vielleicht doch hören und umkehren? Ich steige die Treppen wieder hoch.

Fisterra, September 1991, und Finistère, August 1993

Die beiden westlichen Enden der Erde.

Europa reicht nicht nur an vier Meere heran, sondern auch zweimal ans Ende der Erde: an das »finis terrae«, wie es im Lateinischen heißt, oder Finisterre auf spanisch, Fisterra auf galicisch und Finistère auf französisch. An den westlichsten Spitzen Galiciens und der Bretagne endeten jahrtausendelang alle Wege zum Sonnenuntergang am tosenden Wasser. Hier öffnet sich Europa in den Weltraum hinein.

Schritt für Schritt steigen wir zum äußersten Westen des Kontinents hinab, über wackelige Steine, unsichtbaren Pfaden nach, Stufe für Stufe, durch enge Flure. Die Felsen fallen in einem zusammengebrochenen Treppenhaus in den Ozean ab. Am Schluß verengt sich die Schlucht zu einem Kamin, einer wilden Kathedrale der Natur, eingehüllt in die Schleier und Nebel der Gischt. Hundert Meter hoch ragt der Granitberg aus dem Atlantik. Flutwellen donnern gegen den Felsen, Sturzbäche schießen in die Tiefe. Weltströme kreuzen sich vor dem Kap in einem Malström aus Strudeln. An einem weißen Marmorblock glitzert die Flutwelle wie eine flüsternde Quelle zurück. Lange Wogen rollen an den Klippen entlang. Wahre Gebirge aus Wasser stürzen hier an das Festland, dazwischen immer ein Moment Stille, bis wieder ein neues Riesengebirge über die Felsen stürzt – eine Eifel aus Wasser, Vogesen aus Wellen, Ardennen aus Wogen. Das Vor und Zurück der See ist ohrenbetäubend. Das spanische Cap Finisterre war bis zum Jahr 1492 das Ende der Welt, der Punkt, an dem Europa an seine Grenze kam.

Der Horizont ist eine silberne Linie. Daß die Erde rund ist, läßt er nicht erkennen. Es brauchte Generationen des Vertrautwerdens mit dem Meer, bis auch diese Linie bezwungen wurde.

Als aber die Unendlichkeit entdeckt wird, als die Menschen sich bewußt werden, daß die Erde grenzenlos ist, kehrt die antike Vorstellung vom ewigen Kreislauf unweigerlich wieder ins Abendland zurück. Die Welt bricht nicht zusammen, aber das jüdisch-christliche Weltbild einer von allem Leid befreiten Stadt am Ende des Weges durch die Zeiten wird in den Grundfesten erschüttert. Ein neues Zeitalter beginnt. Seit Columbus ist dieses Finisterre ein abgelegener, völlig unbedeutender Flecken auf der Landkarte und das Ende der Welt nur noch eine Zeit, ein Datum, aber kein Ort mehr.

Gleichwohl bleibt dieser Felsklotz das wohl gewichtigste Indiz dafür, daß im nahen Santiago doch der Apostel Jakobus und nicht etwa der »Hund begraben« liegt, wie Luther scherzte. Denn »Ihr werdet meine Zeugen sein bis an das Ende der Erde!« heißt am Anfang der Apostelgeschichte das letzte Wort Jesu an Petrus, Johannes, Jakobus und die anderen Apostel auf dem Ölberg. Noch vor dem ersten Pfingstfest begann die Geschichte der Christenheit mit dieser Mission. Es ist vorstellbar, daß die Gebeine des Jakobus Jahrhunderte später vor dem Ansturm der Muslime aus Jerusalem in Sicherheit und in Erfüllung dieses letzten Missionsauftrages nicht nach Rom, sondern eben an dieses antike »Ende der Erde« in das ferne Galicien geschafft worden sind. Sicher ist es nicht.

Die Völker Europas haben aber auch nach dem Zeitalter der Kirche an diesem eigentümlichen missionarischen Schwung der Kirche festgehalten. Die reichen Metropolen Europas erzählen bis heute davon – London, Brüssel, Madrid, Wien, Paris, Amsterdam, Rom und Berlin. Selbst die kleinsten Länder haben sich immer wieder zu größten Reichen ausgestreckt. Holland und Belgien haben Imperien gegründet, Weltreiche, die ihre Schätze in die Hauptstädte lieferten – Tee aus Indien, Gold aus Peru, Diamanten aus dem Kongo.

Im Hin und Her der Wasser gibt der Fels ein glänzendes Fell aus Tang frei. Im Westen verwandelt die Sonne den Ozean in Quecksilber. Es ist eigenartig, wie sehr das zweite Weltende Europas siebenhundert Kilometer weiter über den Atlantik in der Bretagne dieser Landzunge gleicht. Hier wie da sind die Kirchen, Kapellen und Kreuze aus dem gleichen glitzernden Granit errichtet. Hier wie da befinden wir uns auf diesen Landzungen in den letzten Rückzugsgebieten der keltischen Ureuropäer. An beiden Ufern des Golfs von Biscaya finden wir »blühende« bemooste Steine in den Mauern der Häuser, als würden die Elemente wieder in die Natur zurückstreben, aus der sie einmal gebrochen wurden. Hier wie da deckt das Meer den Tisch der Familien und verschlingt ihre Männer, Söhne und Väter.

Doch in Spanien ist das Ende der Welt nur ein kleines Städtchen auf einem schmalen Kap, in Frankreich ist es die ganze westliche Bretagne, seit der Revolution ein eigenes Département, das dort in den Ozean hineinragt. Das ist der größte Unterschied zwischen ihnen. Es gibt auch noch weitere. In Spanien finden wir etwa am Fuß der granitenen Wegkreuze, der »cruceros«, die den Pilgern den Weg nach Santiago weisen, auf der Rückseite oft noch die Madonna mit dem Kind sitzen. Auf den bretonischen Wegkreuzen wird sie meist als schmerzensreiche Madonna, als Pietà, die Mutter mit ihrem hingerichteten Sohn auf dem Schoß, abgebildet.

In Finistère wirken diese Wegkreuze, obwohl sie aus Stein sind, wie aus Holz geschnitzt, geradeso als wäre das Kreuz ein frischgestutzter Weinstock, ein zurückgeschnittener Baum, bevor er erneut aussprießt und ausschlägt und Früchte trägt. Steinerne Gärten umgeben diese Kreuzesbäume. Auf den ersten Blick wirken diese Umfriedungen so steinern, bemoost und archaisch, wie ich mir alte irische Kirchen und Kapellen vorstelle. Doch diese »Enclos« entstammen einer Zeit, als das abendländische Europa gerade wieder dem Christentum zu entgleiten begann. Nur anderthalb Jahrhunderte lang, zwischen 1450 und 1610, wurden sie errichtet – in den ruhelosen Jahren zu Beginn der Neuzeit, in den Jahren der Umwälzungen, in der Zeit des Columbus, Luthers, Leonardos, Kopernikus' und Galileis.

Diese Umfriedungen wurden als eine Architektur der Himmelspforte angelegt. Sie gleichen sich nicht. Doch fast immer führt ein Triumphbogen in den Bezirk hinein. Darin gibt es eine kleine Kirche, daneben eine achteckige Taufkapelle, einen Friedhof, ein Beinhaus, einen Hof, vielleicht noch einen Garten mit blühenden Hortensien; alles je nach Möglichkeit verschieden prächtig ausgeführt. Eine Mauer führt um das Areal herum, und in der Mitte steht ein Steinkreuz mit verschieden ausgewähltem Personal. Inmitten der Dörfer war es noch einmal ein eigener Ort, wo Sonntag für Sonntag die Lebenden mit ihren Toten und den Heiligen feierten. Jetzt streifen im Sommer Besucher an allen sieben Wochentagen durch die verwaisten Gemäuer.

Die Bretagne ist auch Heimstatt unzähliger Megalithen – Hinkelsteine, Menhire, Dolmen und anderer Klötze der alten und frühen Steinzeit. Kein Mensch weiß, was diese Steine den Menschen bedeuteten. Die einen kennzeichneten Gräber, das ist gewiß. Wieder andere, Hunderte, sehen nur einfach wie aufgerichtete riesige dicke Dinger aus. Das ganze Land ist voll von stummen Steinen.

In ebendiesem Land wurden die bretonischen Wegkreuze damals als sprechende Steine aufgerichtet. Sie erzählen die jüdisch-christliche Offenbarungsgeschichte. Die gleiche Geschichte, die die Kathedralen in Paris, Chartres, Reims oder Amiens für die großen Königs- und Krönungsstädte erzählen, erzählen diese bebilderten Wegkreuze für die bretonischen Dörfer und Weiler.

In Pleyben sind den Frauen unter dem Kreuz die Tränen wie Narben eingemeißelt. In Saint-Segal, hinter Chateaulin, begegnen wir an einem Nachmittag dem Auferstandenen mit roten Haaren und Pilgerhut, begleitet von den Jüngern von Emmaus: unterwegs mit zwei brennenden Herzen. Spinnweben sind vor der Pestkapelle gespannt. Die Tür hängt schief in den Angeln; die Stufen zur Kanzel sind morsch und durchgebrochen. Die Steinplatten des Bodens lassen einen denken, man gehe über Gräber. Eine Inschrift ist an der Außenmauer angebracht, von der ich keinen Buchstaben mehr entziffern kann.

»Wie furchterregend ist diese Stätte!« ruft eine verwitterte lateinische Inschrift über dem Portal der kleinen Kirche von Guilmiliau. Es ist die Stimme des zu Tode erschrockenen Jakob aus dem Schöpfungsbericht, aus dem fernen Bet-El in Palästina, die bis hierher, ans Ende der Erde, dringt. Mit diesen Worten weihte er damals den Stein, auf dem er geschlafen hatte, als Grundstein des ersten Gotteshauses Israels. Der Traum von der Himmelsleiter hatte ihn heimgesucht. Als Gott ihm versprach: »Ich bin mit dir, ich verlasse dich nicht, ich behüte dich, wohin du auch gehst«, hatte ihn die Furcht gepackt. Die Neuzeit fing mit Furcht und Entsetzen an.

Lissabon, Februar 1988

Wo der Himmel auf die Erde stürzte.

Die abgedeckte Karmelkirche liegt oberhalb eines neugotischen turmhohen Aufzugs, der die Bürger in wenigen Minuten von der Unter- in die Oberstadt und umgekehrt befördert. Dieses offene Gemäuer ist die letzte Narbe vom größten Erdbeben, das Europa jemals erschütterte. Der Fall Lissabons am 1. November 1755 war ein Schrecken für die Welt. Die Erde zitterte damals einige Sekunden lang bis hinauf zum Walchensee in Oberbayern.

Nach der schrecklichen Katastrophe wurde der einzige gotische Dom der Stadt nie wieder aufgebaut. Später ist ein Garten im Inneren der Halle angelegt worden. Katzen streichen zwischen den Säulenreihen und unter den letzten stehengebliebenen Bögen umher. Es ist ein unfaßbarer Ort, mit einem aufgerissenen offenen Himmel.

Die Kirchen waren überfüllt, als das Unglück geschah. Gegen zehn Uhr morgens am Allerheiligenfest begann die Erde zu zittern und zu beben, erst leicht, wie ein Frösteln, dann unter konvulsivischen Zuckungen der Erdkruste und schließlich mit fürchterlichen Schlägen und Stößen. Zusammenbrechende Säulen schlugen die letzten schaurigen Töne aus den Orgeln, berstende Glocken läuteten unser Katastrophenzeitalter ein. An diesem hellichten Herbsttag brach in diesem Raum das Morgengrauen der Neuzeit mit einem gewaltigen Feuersturm an. Es war ein Weltuntergang. Vielleicht hatte der Himmel noch nie zuvor ein gellenderes Hilfegeschrei und Geheul gehört als aus den Kehlen dieser versammelten Festgemeinde. Dächer splitterten, Mauern krachten. Nach neun Minuten war Lissabon nur noch ein Trümmerhaufen. Tausende, Männer und Frauen, Kinder und Greise, hatte das Beben auf der Stelle erschlagen. Sie waren die Glücklichsten. Denn die erste Verheerung war nur ein Anfang vom Ende dieses Juwels unter den Städten der Alten Welt. Ihr folgte ein undurchdringlicher Staubsturm, der weitere Tausende erstickte. Inzwischen war das »Strohmeer« des Tejo brüllend über die Ufer getreten und überdeckte mit haushohen Sturzwellen alle Täler der zerbrochenen Stadt. Und über die Hügel jagte eine Feuersbrunst, die sich auch eine Woche später noch nicht satt gefressen hatte. Da hatte das unerwartete Unglück schon dreißigtausend Opfer verlangt, eine Zahl, die alle Klageweiber der Welt nicht mehr hätten beweinen können. Europa wurde von einer panischen Angst erfaßt. An diesem Tag gab die Stadt ihren Namen als erste einem Schrecken, der seitdem nur den Namen, aber nicht mehr das Unfaßbare der Toleranz Gottes gewechselt hat – bis Auschwitz und Hiroshima. Während sich die Erde in jenem November wieder festigte und die Wasser in ihr Bett zurückflossen, blieb mit den Säulen und Türmen Lissabons der Himmel für immer zerbrochen.

Die Stadt rauchte noch, als in Paris Voltaire sein »Poem über das Desaster« dichtete: »Wer sagt da, angesichts der Opfer ohne Zahl, Gott habe sich gerächt? ... Die Kinder an der Mutterbrust, erschlagen und verblutet, was haben sie getan, was haben sie verbrochen? Besaß etwa Lissabon, das nicht mehr ist, mehr Laster als London, als Paris, die beide fröhlich im Vergnügen schwelgten?«

Mit einem Schlag war in dem Beben die Philosophie Leibnitz' von der »besten aller Welten« zusammengestürzt. In nur 540 Sekunden war die Lehre von der Rechtfertigung Gottes in jene Krise gerufen worden, aus der sie nicht entlassen wird. Wie konnte der Allmächtige das zulassen? War er ohnmächtig? War der Allgegenwärtige abwesend, der Allbarmherzigste grausam? War nicht das Leben eine Seifenblase, die Erde ein einzig sinnloses Jammertal? Seit den Tagen Hiobs waren diese Fragen nicht neu. Doch diesmal wurden sie wegen der fast schon abstrakten Zahl der Opfer erstmals als Antworten formuliert.

Wien, März 1989

Die Krone Ottos des Großen offenbart ein verborgenes Regierungsprogramm.

Auf einem Foto beugen sich fünf amerikanische Offiziere und ein Adjutant über eine Ansammlung großer Schmuckstücke, die an einem langen rohen Tisch säuberlich aufgereiht liegen: ein großes Kreuz in einer Lederschatulle, zwei Handschuhe, ein großer Codex, eine Krone, ein goldener Apfel, eine goldene Handtasche, ein Schwert, eine Monstranz, die Reichslanze, das heißt der »heilige Speer«, die vornehmste Reichsinsignie, mit dem der römische Offizier Longinus die Seite Christi am Kreuz geöffnet haben soll. Ich stecke das Foto in meine Tasche zurück.

Die Reichskleinodien des »Heiligen Römischen Reiches« waren im Januar 1947, zwei Jahre nach dem Krieg, wiederaufgefunden worden. Heute sind sie als Museumsstücke gut konserviert und in Vitrinen geschützt ausgestellt.

Das große schwere Kreuz zeigt nicht den Gekreuzigten, sondern bildet das Fundament für die Heilige Stadt wie das Kreuz in Aachen. Doch dieses goldene Jerusalem ist gut viermal so groß. Das Kreuz steht aufrecht, so daß wir den Kopf zur Seite legen müssen, um die Straßen, Häuser und Gärten aus Gold, Edelsteinen und Perlen erkennen zu können. Paläste aus Gold für das Volk der Könige sind als Programm auf diesem majestätischen Kreuz zu der offenen Stadt ohne Tempel geordnet.

Die feine Granulationsarchitektur ist eine Konstanzer Goldschmiedearbeit. Auf der Rückseite ist ihr das wehrlose Lamm der Apokalypse in die Mitte als Siegel desjenigen eingeritzt, der in diesem Reich thronen und herrschen wird. Es ist das Reichskreuz Europas. Der Wärter, der aufpaßt, daß wir keine Fotos machen und keine Vitrine berühren, hat schon sein Leben lang hier in der Wiener Hofburg gedient, aber diese Stadt auf dem Kreuz bisher noch nie entdeckt. »Das soll eine Stadt sein?« Er schüttelt den Kopf. Dann zeigt er auf die alte achteckige Reichskrone hinter uns. »Aber diese Krone soll etwas mit einer alten Stadt zu tun haben. Das habe ich schon von vielen Führern gehört.« Die Kaiserkrone in Wien ist wahrhaftig eine goldene Stadtmauer. Otto der Große hat das Schmuckstück mit Erzbischof Bruno von Köln, seinem Bruder, 962 entworfen und in Auftrag gegeben. Noch bis ins letzte Jahrhundert wurde sie in Wien als »die herrliche, strahlende Reichskrone« getragen, bevor sie vor Napoleon in Sicherheit gebracht werden mußte.

Nach dem Zerfall der karolingischen Herrschaft hatte vor tausend Jahren mit Otto die Geschichte Europas noch einmal von neuem angesetzt. Sie konzentrierte sich gewissermaßen auf dieses merkwürdige ostfränkische »Römische Reich« in der Mitte des Kontinents. Das ist die Geschichte der Deutschen. Ihr Römisches Reich umfaßte nur einen Bruchteil Europas, aber strahlte doch auf ganz Europa aus; es blieb seinem Wesen nach universal, grenzenlos. An dieser Krone können wir sehen, wie Otto dieses Reich in seiner Gründung verstand.

Sie besitzt das gleiche Maß wie einige der Kirchen, die wir uns schon angesehen haben, die Grabes- und Auferstehungskirche in Jerusalem, Santo Stefano in Rom, San Vitale in Ravenna, die Aachener Krönungskapelle – allesamt Gebäude nach den Maßgaben aus der Apokalypse des Johannes. Vier Emailfenster der Mauerkrone zeigen drei Könige und einen Propheten aus der Geschichte Israels: David, Salomo und Hiskia mit seinem Berater Jesaja, das alte Jerusalem, dazu Jesus von Nazareth, den letzten »König der Juden«, mit der lateinischen Aufschrift: »Durch mich regieren die Könige«.

Das muß sich jeder vor Augen halten, der die Geschichte Europas verstehen will. Nichts sonst kann erklären, warum das größte Judenmorden schließlich nicht von den traditionellen östlichen Pogromgebieten, sondern von der Mitte Europas in Deutschland ausging. Der Mitte dieser Kultur, der vornehmsten Krone Europas, waren seit über tausend Jahren drei jüdische Könige, ein jüdischer Prophet und Jesus wie eine Tätowierung eingezeichnet.

Die Perlen und Edelsteine der vier restlichen Platten dieser Reichskrone stellen in raffinierter Verschlüsselung die messianische Hochstadt des Johannes dar, die »prächtige Krone in der Hand des Herrn«, wie Jesaja sie rühmte. In dieser Krone ist noch einmal vor aller Welt der Aufbau der goldenen Stadt Gottes zum Programm eines Weltreichs erhoben worden. Ganz Europa sollte zur gerechten, leuchtenden Stadt auf dem Berg werden. Dieses Reich war »heilig« wie jedes Reich, das den zehn Geboten vom Sinai Anerkennung und Weltgeltung verschaffen will.

Die visionären Herrscher aber, sehen wir hier auch schon, die in der Stadt Gottes nie mehr Tür an Tür mit Jahwe wohnen sollten, hatten sich in diesem Reich seiner Stadt auch schon wieder fast völlig bemächtigt. Das Fundament ihrer Mauern war nun kein Berg mehr oder ein Buch oder ein Kreuz, sondern die Stirn der Ottonen, danach der Salier, der Staufer, der Luxemburger und Habsburger. Und wo Johannes einen Regenbogen über dem Thron des Lammes erblickt hatte, wölbt sich hier ein schimmernder Bügel über dem Scheitel und Schädel des Kaisers. Die Krone selbst ist ein Haus, die Edelsteine sind Fenster.

Wir blicken zurück in das Leben Ottos: In Augsburg fügt er mit Bischof Ulrich die ungarisch-magyarischen Reiterkrieger aus der Tiefe Asiens in einer letzten Schlacht dem Reigen der Völker Europas ein. In Polen öffnet er dem Fürsten Mieszko die Tür ins europäische Haus. In Aachen bedienen die vornehmsten Herzöge der deutschen Stämme den Gesalbten am Tisch beim Königsmahl, legen das Fleisch vor und gießen den Wein nach. Und in Rom wird ihm die neue Kaiserkrone über eine niedrige Mitra gestülpt, wie sie die jüdischen Hohenpriester Israels früher einmal getragen hatten. Seine neuen Gewänder sind mit Glöckchen besetzt. Schellen an roten und blauen Schnüren bimmeln an seinem Gürtel. Der ganze Erdkreis ist mit Szenen der Apokalypse auf seinen Mantel gestickt. Eine kaum minder kostbar geschmückte Reichsburse enthält Erde aus dem Heiligen Land. Das war der Grund und Boden, auf dem dieses Reich gegründet wurde.

Wie Karl verstand sich auch Otto I. als ein Hüter der Heilsgeschichte, der dem Römischen Reich nur als Statthalter vorstand. Davon vor allem berichten diese Schmuckstücke, von dem dramatischen Ringen der zwei Gewalten in Europa, des Kaisers und der Päpste, von denen eben nicht der eine weltlich und der andere geistlich, sondern die beide beides waren, weltlich und geistlich.

München, März 1986

Die himmlische Stadt auf einem Buch.

Ich muß beim Lesen eingeschlafen sein. Der zerlesene Bildband »Die Welt der Karolinger« ist mir vom Schoß auf den Boden gefallen. Mein Blick fällt auf die Seite, die sich da zufällig neben meinen Füßen aufgeschlagen hat: eine ganzseitige Schwarzweißfotografie, die einen alten Codex zeigt, die mich sofort aufstehen und mit dem Buch zum Fenster gehen läßt. Wie bei dem Foto des Lotharkreuzes meines alten Lehrers gewinnt auch dieses Bild durch eine winzige Drehung des Blickwinkels eine andere Bedeutungsebene.

Der Codex ist weltbekannt, ein Kleinod der Kunst der Völker. Ich habe schon viele Abbildungen von ihm gesehen; immer zeigten sie ihn frontal, den Einband des Codex Aureus, des »Goldenen Codex«, aus dem Kloster St. Emmeram, wie die Bildunterzeile erklärt. Doch dieses Mal ist er nicht frontal, sondern in einem leicht schrägen Winkel aufgenommen, und ich sehe, diese Edelsteine sind nicht nur Edelsteine, sondern Häuser und Paläste. Es kann gar nicht anders sein: Diese Pracht ist die Stadt auf dem Berg, und dieses Buch ist der Berg. In diesem Kunstwerk ist der erste Entwurf Europas festgehalten. Die Schrift selbst, in der die Pläne der Stadt auf dem Berg verwahrt und versammelt liegen, ist das Fundament. In der Mitte dieser goldenen Stadt sind vier mal acht Kelche für eine Tischgemeinschaft gedeckt. Wie schön diese Stadt doch ist und wie schutzlos, wehrlos wie ein Lamm. Sie hat keine Mauern. Ihr einziger Schutz ist die Höhe des Berges, die Tiefe der Schrift.

Gerade vier Wochen zuvor war ich in Jerusalem und erkenne nun: Kippte man dieses Buch nur ein wenig mehr, läge es gerade so vor einem wie der Jerusalemer Tempelberg, wenn man vom Osten und von Bethanien her, nachdem man den Ölberg umrundet hat, die Stadt der Städte zum ersten Mal erblickt. Der Künstler, der dieses Schmuckstück geschaffen hat, muß das Areal des Tempelbergs gekannt haben. »Aus der Hofwerkstätte Karls des Kahlen, 870, München, Bayerische Staatsbibliothek«, lautet die Bildlegende.

Ich sehe Reims vor mir, wo irgendwo die Hofwerkstätte Karls des Kahlen unter dem Pflaster liegt, die Hauptstadt der Champagne, die Stadt Chlodwigs und Bischof Remigius'. In Reims, nicht in Paris, wurden die französischen Könige bis zur Revolution gekrönt. In Reims beugten Adenauer und de Gaulle zusammen das Knie, nachdem die Deutschen die herrliche Kathedrale noch im Ersten Weltkrieg zusammengeschossen hatten.

Hier haben die Brüder Liuthard und Beringar etwa im Jahr 870 diese Auftragsarbeit für Karl den Kahlen, den Sohn Ludwigs und Enkel Karls des Großen, vollendet. Sie haben die vier Evangelien vollständig in Gold aufgeschrieben, eine phantastisch verschwenderische Arbeit. Als das fertige Werk vor ihnen lag, mußten die Schreiber, die Buchbinder, die Goldschmiede es wie ein Neugeborenes bestaunt haben. Normannen plünderten damals die Küsten, Klöster und Städte Europas. Mönche retteten durch diese Zeit das alte Modell der Heiligen Stadt. Diese Geistlichen stellten damals mit den Juden die ersten Europäer, lange vor dem Adel. Geistlich war damals die gesamte schöpferische Elite Europas, bis hin zu den Buchbindern und Juwelieren. Nie mehr wieder werden Künstler einem solchen Gesamtkunstwerk dienen dürfen, und vielleicht haben sie nie mehr wieder ein größeres Kunstwerk auf kleinerem Raum verdichtet als in diesem Codex.

Da er in München in der Staatsbibliothek aufbewahrt werden soll, rufe ich meinen Kollegen Hermann an und verabrede mich mit ihm. Er ist Fotograf. Eine Rolltreppe bringt uns vor der Feldherrenhalle ans Tageslicht.

Hier, auf dem Pflaster, brach damals der Hitlerputsch zusammen. Da drüben ist eine Platte mit den Namen der vier im Kampf gefallenen Polizisten eingelassen, sehr schlicht, kein Vergleich mit dem Andenken an die vierzehn Mitstreiter Hitlers, die hier verblutet waren. Ab 1933 setzte sich jährlich am 9. November der Marsch vor der Feldherrenhalle in Bewegung, der das Andenken an das Scheitern jener »Märtyrer« als Triumphzug wiederaufführen sollte, mit schwarzem Pomp, hinter den »Blutordenträgern« mit der »Blutfahne« her, unter Trommelwirbeln, an Pechfackeln und lodernden Pylonen vorbei bis zum Königsplatz, wo damals die Sarkophage der »Märtyrer« als »ewige Wache« verehrt wurden. Der 9. November war ein »heiliges Datum« der Nazis gewesen.

Von hier bis zur Staatsbibliothek liegen nur dreihundert Meter. Hippokrates, Homer, Thukydides und Aristoteles bewachen als sitzende Granitgestalten den Eingang der Bibliothek über der Freitreppe.

Wir durchqueren zwei, drei Türen, gehen eine Treppe hoch. Die Dame an der Rezeption empfiehlt uns freundlich weiter. Wir durchqueren noch eine Glastür und stehen schließlich vor einem Herrn, der nur dünn lächelt, als wir die Heilige Stadt erwähnen. Wie schön, aber nein, wir würden sie nicht zu sehen bekommen. Die Schrift müsse geschützt werden, sie löse sich fast auf, das Gold zerbröckele schon auf den Pergamentseiten, sie liege in einem nachtschwarzen, bombensicheren Tresor. Aber wir wollen das goldene Buch doch gar nicht mehr öffnen, betteln wir, wir wollen doch nur noch einmal einen Blick auf den Deckel werfen mit dieser herrlich kleinen, hochgebauten Stadt.

Es gebe schon Fotos, wird uns bedeutet. Im Besucherraum erhalten wir einen Karton voller Fotos, die anläßlich der letzten Restaurierung des Codex gemacht worden waren, alle herrlich scharf, aber fast nur auseinandermontierte Einzelteile. Das himmlische Jerusalem in seinen Einzelteilen. Wunderbar, freue ich mich, das sei das Objekt, das wir suchten, aber das eine Foto, an das wir dächten, sei leider nicht dabei, nämlich die Perspektive, die den Gesamtcodex wie den Tempelberg zeige; das müßten sie uns also nun fotografieren lassen. Darauf wird uns noch ein zweiter Karton gebracht, wieder mit Fotos der Einzelteile. Unter dem Stapel finden wir eine einzige Gesamtansicht, nicht ganz aus dem Blickwinkel von der Straßenbiegung hinter Bethanien, aber vielleicht noch besser, von einem noch höheren Blickwinkel. Ja, dieses Foto dürften wir ausleihen. Das tun wir gern, um gleichzeitig noch mehr darauf zu bestehen, den Codex mit eigenen Augen zu sehen. Der Wärter lächelt wieder. Nein. Und auch alle anderen Wächter schütteln den Kopf. Nein, nein, keiner bekommt diesen Codex noch zu sehen. Keiner wird ihn noch jemals fotografieren dürfen. Er muß geschützt werden. Der Raum, in dem der älteste Plan unserer Welt aufbewahrt wird, ist ein Verlies.

Prag, September 1988

Im Grand Hotel »Europa«.

Prag liegt ungefähr im Herzen Europas – wie Jerusalem, Rom, Bangor, Aachen, Wilna oder Santiago de Compostela. Das Herz Europas ist immer ein kreisendes, wanderndes Exzentrikum gewesen. Es ist ein schöner Septembertag. Nun beleuchtet der Abendschein den breiten Boulevard des Wenzelsplatzes. Ich lasse mir im Café des alten Grand Hotel »Europa« einen Mokka kommen und sehe durch das Fenster den rumänischen Gaunern und Geldwechslern zu, wie sie vor dem Hauptportal des vergammelten alten Luxushotels herumlümmeln und ihre Künste an vorbeieilenden eingeschüchterten Touristen aus dem Westen erproben. Die Stimmen meiner gesammelten Notizen zu Europa vereinigen sich in meinem Kopf zu einem dissonanten Chor.

Es geht laut hin und her; in keinem einzigen Punkt gibt es Einigkeit, außer vielleicht über die zentrale Stadt Europas, die wir bis ins hohe Mittelalter in die Mitte all unserer Landkarten und Weltbilder gezeichnet haben. »Keine Frage«, sagt Siegfried Lenz, der ostpreußische Dichter, »Jerusalem ist die Hauptstadt von uns allen.« György Konrád lächelt ihn an. »Europa ist eine Bibliothek«, antwortet ihm der Denker aus Budapest leise, »es ist ein Kontinent der Bücher. Und heute führt das Hervorsprudeln der Worte zur Erosion der alten Mächte, jetzt sind wir Zeugen des Hinübergleitens in ein postimperiales Europa, in ein Europa ohne Reiche.« Władysław Bartoszewski aus Warschau nickt. »Rein geographisch«, wirft er ein, »ist Europa nur eine kleine Halbinsel Asiens, und geradezu das Gegenteil einer Einheit, mit seiner Völkervielfalt sondergleichen.« Ich kann mich an seinem breiten Mund kaum satt sehen, der beim Reden noch einmal breiter wird. In Europa wird ein Überfluß erwirtschaftet, von dem nicht einmal die Propheten zu träumen wagten. Nirgendwo gibt es mehr Paläste für Bürger. »Zu keiner Zeit gab es mehr Gerechtigkeit, weniger Willkür«, fügt Sir Karl Popper hinzu. »Hier ist es auch nicht mehr möglich, die Gesellschaft als kollektive, menschenverschlingende Größe zu vergöttern«, sagt Karol Wojtyła aus Krakau, der Bischof von Rom. »Die U-Bahn ist dafür heute so heilig geworden, wie es früher die Kathedralen waren«, mischt György Konrád sich wieder in das Gespräch.

Europa ist der Magnet aller Flüchtlinge dieser Welt geworden. Aber was ist aus den Schwertern geworden? Wo wird hier jetzt schon mit ihnen gepflügt? »Leider noch nirgendwo«, bemerkt der Kaukasier Michail Gorbatschow trocken, »Europa ist mit Kernwaffen wie kein anderer Ort gespickt, mit Tausenden von Sprengköpfen, von denen schon einige Dutzend ausreichen, um den Erdteil in eine Hölle zu verwandeln.« Seinetwegen glaubt in diesen Tagen ein guter Teil der Intelligenzija Leningrads, daß die Endzeit unmittelbar bevorstehe. Wer schon lange an nichts mehr glaubt, hat sich in dem alten Sankt Petersburg dem festen Glauben an die Apokalypse nur um so nachhaltiger verschrieben. Gorbatschow fährt fort, daß ihm erst vor einigen Jahren, als der Papst Cyrillos und Methodios zu Aposteln Europas ernannt habe, bewußt geworden sei, daß auch Rußland zu Europa zähle und daß er erst seitdem die Metapher vom »europäischen Haus« verwende. »Nein«, beendet er lakonisch seine Erzählung, »Europa liegt wirklich nicht nur im Westen. Auch Rußland wurde schon vor tausend Jahren getauft. Unsere gegenseitige – wie soll ich es sagen – ›Bekanntschaft‹ ist umfassender, dauert schon länger und ist daher enger. Wir wohnen wirklich in einem Haus zusammen. Unsere politische Tradition ist die reichhaltigste der Welt. Die europäischen Staaten haben realistischere Vorstellungen voneinander, als dies in jeder anderen Region der Fall ist.«

Nach der Zeit der Apostel erlebte Europa alle sechs- bis siebenhundert Jahre eine neue Renaissance. Steht uns heute wieder eine neue Renaissance bevor, sechshundert Jahre nach der letzten? Was sonst kann in Europa wiederentdeckt und wiedergeboren werden als die Heilige Stadt, an der hier schon so lange gebaut wurde?

Berlin, Mai 1995

Ein U-Bahnhof aus rotem Marmor unter einem nie vollendeten Roten Platz.

Auf den letzten Kilometern ändert sich der Rhythmus des Ratterns der Bahn. Es wird trübhell, die Türen springen auf, ich nehme meine Tasche und bin der einzige Passagier, der die U-Bahn verläßt. »Mohrenstraße«, zeigt ein schmuddelig gewordenes Schild gegenüber den Namen der Station an. Sie liegt zwischen dem »Potsdamer Platz« und »Stadtmitte«. Zentraler kann sie in Deutschlands Hauptstadt kaum sein, fünf Minuten zu Fuß vom Brandenburger Tor entfernt.

Nur ein bißchen freundlicher möchte man sich die Haltestelle vielleicht wünschen, das Neonlicht etwas weniger trüb, die Decke ein wenig höher als diese gut drei Meter. Auf einer der vier Bänke stelle ich meine Tasche vor dem marmornen Papierkorb ab. Marmor? Ja, auch die Bank ist aus Marmor, auch die Säulen. Keine Kacheln, keine Fliesen, keine Ölfarben über Zement, kein Plastik, nur Marmor, roter Marmor. Fast zweihundert Meter auf der linken und der rechten Seite sind aus dunkelroten Marmorplatten gefügt. Graue Schlieren durchziehen das Rostrot der Rechtecke.

Ich treffe Herrn Dr. Kerndl, den pensionierten Chefarchäologen Berlins, der die geheimen Opferplätze und Erdbunker der Semnonen und Germanen im Boden der Hauptstadt wie kein zweiter kennt, neben der Voßstraße im ehemaligen Todesstreifen auf einem Trümmerhaufen, aus dem hier und da noch ein verbogenes Moniereisen wie ein häßliches Insektenbein hervorragt. Schon von weitem sehe ich ihn, wie er auf diesem Hügel auf mich wartet. Hier sollen sich die Reste der ehemaligen Neuen Reichskanzlei Adolf Hitlers befinden. Ich schaue ihn ungläubig an. Ja, hier. Und wo war der Bunker Hitlers? Er deutet zu einer Pappel bei den Plattenbauten und lächelt schief. Da vorn. Dr. Kerndl fährt mit dem Finger über die Zeichnung seines Plans. Wo die neue Abzweigung von der Wilhelmstraße zur Voßstraße nach links abknickt, ist rechts hinter diesem Block da, nach etwa zwölf Schritten, das Fundament des Führerbunkers im Boden eingezeichnet. Wir messen die Entfernung nach. Ja, zehn Meter unter diesem Rasen hat Adolf Hitler sich umgebracht.

Was achtzig Millionen Deutsche nicht geschafft hatten, hat der Führer am Schluß selbst in die Hand genommen. Seine Feuerhochzeit, sein Testament hat er hier diktiert und gefeiert. Dann war das Dritte Reich zu Ende. Drei junge Platanen wachsen auf der Stelle, wo der Bunker im letzten ruhigen DDR-Sommer 1988 unter strengster Geheimhaltung noch einmal freigelegt und geschliffen wurde. Wie Bilder aus der gesunkenen Titanic sahen damals die Räume aus, die auch den letzten Bewohnern schon wie »ein auf Grund gelaufenes U-Boot« vorkamen.

Frühlingswind bläht die deutsche Fahne über dem Reichstag auf. Zwei Buben jagen sich gegenseitig den Ball über der Stelle ab, wo Hitler die letzten Tage und Wochen wie ein Maulwurf verbracht hat. Die Häuser werfen das Geschrei der Kinder vielfach zurück. Ein roter Himmel spannt sich über die Stadt. Blaß geht der Mercedes-Stern im Westen auf, vor der Silhouette der Gedächtniskirche. Die Dämmerung bricht ein, die Kinder verschwinden. Auf dem Rasen erglüht eine Neonlaterne über dem Fundament des Bunkers. Im Rücken erleuchtet das helle Flackern der Nachrichtensendung des Ersten Deutschen Fernsehens die Fenster, eins nach dem anderen. Die Bäume und Büsche knospen, Sperlinge zwitschern. Wie still es ansonsten geworden ist. Über den Tiergarten dringt leise das Dauergrollen der Motoren Berlins. Ein Silberpapier raschelt, das eine Krähe bei den Müllcontainern zerpflückt. Genau dort hat sich Adolf Hitler mit seiner Braut Eva Braun verbrennen lassen.

Ende April 1945 jubilierten im Tiergarten die Stare aus Leibeskräften, als das Gelände mit Leichen und Trümmern übersät war. Nachts wehte Jasmin- und Hyazinthenduft aus Hitlers zerborstenem Gewächshaus herüber. Fliegende Standgerichte durchstreiften die Ruinen. Noch zwei Tage nach Hitlers Tod wurden treulose Verteidiger der »Zitadelle« an Speers Laternenpfählen vor und hinter der Neuen Reichskanzlei aufgeknüpft: »Verräter, Deserteure, Feiglinge, Angsthasen« – vor allem Kinder. Berlin schickte sich in seinem Untergang an, die Zerstörung Trojas und Jerusalems zu übertreffen. Schwerverwundete und Sterbende schrien; Verwesungsgeruch und Brandschwaden hingen über dem Rest des riesigen Reiches, das auf den Quadratkilometer zwischen Potsdamer und Pariser Platz zusammengeschrumpft war. Eine dichte Staubwolke verdunkelte die Stadt schon am Tag.

Der letzte Lebensraum Hitlers betrug zwölf Quadratmeter. Erst ein Jahr zuvor war der Bunker von der Hochtief AG viel zu schnell gegossen worden und nie richtig ausgetrocknet, immer feucht und modrig und naß und kalt. Die Frischluftzufuhr war katastrophal. Kabel und Schläuche verhedderten sich in den Fluren. Bei nahen Bomben schwankte die ganze Anlage, die Lampen pendelten hin und her. Der sandige Untergrund gab die Druckwellen wie Wasser weiter. Für die Bewohner dieser Unterwelt gingen Tag und Nacht ohne Unterschied ineinander über. Die Lampen mußten oft abgeschaltet werden. Der Gestank verstopfter Toiletten verpestete mit dem Schweiß- und Angstgeruch von etwa dreißig Personen den letzten Amtssitz des Führers.

Am Freitag, dem 27. April, ging ein Trommelfeuer auf die benachbarte Neue Reichskanzlei nieder. Der Trümmerstaub geriet in die Ventilation. Die Russen standen dreihundert Meter weiter am Potsdamer Platz. Am Sonntag darauf war Hitlers Hochzeitstag, in aller Früh fand die Feier statt. Im Lazarett unter der Terrasse der Reichskanzlei schrien viele nach Gift. Am Tag zuvor war in Italien Mussolini mit seiner Geliebten erschossen, kopfüber gehängt und gesteinigt worden. Die Nachricht hatte die Todgeweihten in dem nassen Keller blitzschnell erreicht. Und nun war der letzte Tag angebrochen, frühlingslind. Der Bräutigam, ein zitterndes Drogenwrack, verließ die Tänzer seiner Hochzeitsfeier, um Traudl Junge im Nebenzimmer seinen letzten Willen zu diktieren, seiner Lieblingssekretärin mit den blauesten Augen.

Champagner und Cognac flossen, beste Weine und Liköre. Im nahen U-Bahnhof »Kaiserhof« schmachteten Verdurstende und Verletzte. Die Russen standen jetzt in der Wilhelmstraße, der Voßstraße, der Friedrichstraße, der Leipziger Straße und im Tiergarten, zwei-, drei-, vierhundert Meter entfernt. Ein Artillerieorkan wie nie zuvor ging auf dem Gelände nieder. Der Bunker zitterte, als sich Hitler das Testament noch einmal vorlesen ließ. Mit blutunterlaufenen Augen lauschte er ein letztes Mal sich selbst.

Es war vielleicht Wahn, aber es waren keine leeren Worte. Alles, was in ihm Wahn war, hatte er in zwölf Jahren in Wirklichkeit verwandelt. Daß er die Welt in einen Krieg mit Abermillionen Toten gestürzt hatte, war ihm nebensächlich, daß er Stalin die Tore nach Mitteleuropa aufgestoßen hatte, gleichgültig, Deutschland eine Trümmerwüste war, egal. Hauptsache blieb ihm die Vernichtung des Hauses Jakob. Wie gut wäre es doch, »einmal zwölf- oder fünfzehntausend dieser hebräischen Volksverderber unter Giftgas zu halten«, hatte er 1924 geschrieben. Danach hatte er vierhundertmal fünfzehntausend Hebräer in die Höllen der KZs und ins Gas geschickt. Hatte er seine Mission nicht mehr als erfüllt? Nein, er mußte seinen Auftrag noch einmal weitergeben und verpflichtete – die Russen standen auf der anderen Straßenseite – seine Nachfolger »zum unbarmherzigen Widerstand gegen den Weltvergifter aller Völker, das internationale Judentum. Gegeben zu Berlin, den 29. April 1945, 4 Uhr, gez. Adolf Hitler«.

Jetzt erst hatte er sein Werk vollbracht. Der Rest, selbst sein Tod, war nur noch ein nebensächliches Nachspiel: die Hinrichtung seiner Schäferhunde, die letzte Mahlzeit, das letzte gesprochene Wort, »nein!« an Magda Goebbels – und der eigene Tod am Nachmittag, bevor er mit seiner Braut im Feuer von 180 Litern Benzin vereinigt wurde. Der letzte Gruß ein gräßlicher Gestank »wie verbrannter Speck«; der Führer brannte schlecht.

Die Russen hißten indes die rote Fahne auf dem Reichstag. Am gleichen Tag befreiten die Amerikaner Dachau, das erste Konzentrationslager Deutschlands. Wenige Stunden später schwiegen die Waffen. Die Ruhe muß unheimlich gewesen sein. Auf einem Foto jener Tage erkennt man hinter den lachenden Alliierten vor der Grube, in der das Ehepaar Hitler verbrannt worden war, noch Teile des Bogengangs vor dem Speisesaal wieder, der der Neuen Reichskanzlei damals zum Garten hin vorgelagert war. Über 420 Meter hatte sich die neue Reichskanzlei Hitlers von der Wilhelmstraße die ganze Voßstraße entlang erstreckt, ein Meisterwerk totalitärer Superlative.

Doch jetzt läßt sich das »steingewordene Wort des Führers« hier nur noch in der Phantasie durchmessen – der Ehrenhof, die Vorhalle, der Mosaiksaal, der Kuppelsaal und die Marmorgalerie. Kein Stein ist auf dem anderen geblieben. Der Boden der Vorhalle war mit Marmor getäfelt. Der Mosaiksaal dahinter, sechzehn Meter hoch, wurde mit ostmärkischem Marmor ausgekleidet, einem Stein von dunkelroter Farbe, durchzogen von hellgrauen Einschlüssen«, der Fußboden aus Saalburger Marmorplatten, dann die Marmorgalerie, das »Vorzimmer« vor dem »Arbeitszimmer« Hitlers: 146 Meter lang, zwölf Meter breit, zehn Meter hoch. Ein spiegelglatter Fußboden aus dem »Saalburger Altrot-Marmor« erstreckte sich über die Fläche. Fotos belegen, daß sich die Stiefel und Uniformen der Ordonanzen im Boden spiegelten.

Ich stecke das Buch wieder in meinen Mantel und sehe mir die Ödnis an, die daraus geworden ist. Wo die Voßstraße den ehemaligen Todesstreifen zur Ebertstraße, der ehemaligen

Hermann-Göring-Straße, hin kreuzt, hat sich rechts noch jener letzte Schutthügel gehalten, auf dem ich Dr. Krendl getroffen habe. Genau hier muß sich die Marmorgalerie befunden haben, da vorn das Arbeitszimmer mit Blick in den Garten.

Vom U-Bahnhof »Mohrenstraße« werde ich die nächste Bahn zurück nehmen. In der Nacht zum 2. Mai 1945 versuchte die letzte Besatzung des Reichskanzleibunkers, über diesen U-Bahnhof aus dem Belagerungsring auszubrechen. Die Treppen waren ein einziges Trümmerfeld, Plattform und Geleise mitten in der Nacht voll mit erschreckten Flüchtlingen. Zu Zeiten der Teilung Berlins war die Station, so nahe vor der Mauer, ein stillgelegter Sackbahnhof. Und jetzt ist wieder eine ganz normale U-Bahn-Station daraus geworden: für die U2 in Richtung Ruhleben und Vinetastraße.

Ich fahre mit meinem Blick wieder den grauen Schlieren nach, die wie Sehnen das Violett, Braun, Kupfer- und Rostrot der Marmorrechtecke durchziehen. Hier ist der Marmor hingewandert. Es ist der »ostmärkische« und der »Saalburger Marmor« aus der Vorhalle, dem Mosaiksaal und der Marmorgalerie der Neuen Reichskanzlei. Diese Station mitten in Berlin ist so etwas wie das verschollene Bernsteinzimmer der Reichskanzlei. Auf diesem Stein wurden die Stiefel der SS zusammengeschlagen. Ochsenblut war die Lieblingsfarbe des Führers. Diese stumpf gewordenen Platten sind sein erblindeter Spiegel.

Das neue Deutschland der Kommunisten wurde natürlich mit dem Schutt des Naziregimes gebaut. Erst im Mai 1949 wurde die Reichskanzlei in die Luft gesprengt. Der Umzug des Führermarmors in diese U-Bahn-Station fand 1950 statt. Damals sollte der Marmor aus der gesprengten Kanzlei als eine antike Spolienarchitektur jenen Zielbahnhof in der Mitte Europas schmücken, über dem sich nach der Vorstellung und dem Wunsch Stalins ein gigantischer Roter Platz erstrecken sollte. Schließlich wurde dann doch nichts aus dem sowjetisch-deutschen Paradeplatz. Nur der schon fertige Rote Keller dieses Roten Platzes blieb von diesem Vorhaben bis auf den heutigen Tag erhalten.

Rom, Juni 1994

Ein letzter Besuch bei einem Pförtner der himmlischen Stadt.

Am Tag, an dem ich Bruder Ritz das letzte Mal in Rom sehe, wohnt er auf der anderen Straßenseite der Via della Pilotta und auch nicht mehr parterre, im Innenhof. Ich muß alle Treppen des hohen Hauses hinaufsteigen, bis ich ihn endlich in der Krankenstation der Jesuiten im obersten Stockwerk finde, wo er gerade an seinem Tisch am Fenster sitzt und von einer Krankenschwester gefüttert wird. »Bruder Ritz!« rufe ich. Er reagiert nicht. »Bruder Ritz!« rufe ich noch einmal, fasse ihn am Arm und sehe ihm in die Augen. Er lächelt kurz, als hätte er meine Stimme von ferne erkannt, dann hat er auch das wieder vergessen. Wie schmal er geworden ist!

Santo Stefano Rotondo, sein altes Haus in Rom, wo ich wenig später vor dem Tor stehe, ist verschlossen. Ich gehe die kreisrunde alte Außenmauer entlang, und sehe dahinter schließlich die Pinie wieder, unter der wir damals zum Abschied lagerten. Der Tambour der mächtigen Rotunde ragt erhaben in den Himmel, schmucklos, rund und gelassen, völlig zeitlos. Im Unterschied zur Auferstehungskirche in Jerusalem, die in ihren An- und Umbauten fast verschwindet, liegt Santo Stefano immer noch so frei wie ein verworfener Eckstein unserer Geschichte in diesem Garten.

»Was wollen Sie immer mit Europa?« fragte Ritz, »das da ist Europa: das ist seine Seele. Europa gibt es gar nicht, Europa ist nur ein Hilfsbegriff. Diese alte Kirche ist die Kraft, die die Kultur unseres Erdteils einmal hervorgebracht hat. Die Kirche hat das Abendland von Grund auf geprägt. Und Europa hat danach die heutige Welt gestaltet – im guten wie im bösen. Die Kirche und die Synagoge haben Europa das unverwechselbare

Gesicht gegeben. Die Kirche war die große Schule Europas. Das unterscheidet Europa von Asien, von der Welt des Islams, von Afrika. Europa wurde durch gemeinsame Feste und nicht durch eine gemeinsame Wirtschaft oder Politik geeinigt. Die Architektur der Kathedrale ist die Struktur Europas. Darum ist Europa so schön. Das wurde nur alles vergessen.«

Der Schleier des Vergessens steht dem Hügel gut. Es ist schön hier am Abend und still. Nur die Grillen zirpen im Gemäuer, über das eben der Mond in den Himmel über die vergessene Mitte Europas steigt. Hier ereiferte sich Bruder Ritz für uns, wie nur er es kann. »Warum sollte nicht eines Tages die deutsche und ungarische Kirche, der das Gebäude gehört, diesen Dom als Zeichen zur Überwindung der Blöcke wieder neu errichten?« Er stellte diese Frage in einer Zeit, in der die Berliner Mauer noch fest im Boden verankert stand. »Nach Auschwitz sind die Juden ihrer Treue zum Judentum geweiht, hat Emmanuel Levinas gesagt!« ruft er. »Die Juden können seitdem nicht mehr anders, als ihrer Herkunft bis zum Ende der Tage ins Gesicht zu schauen. Wozu sind dann aber die Christen nach dem Holocaust geweiht? Muß es da nicht eine heilige Entsprechung geben: ein heiliges Erinnern? Das Vergessen ist mörderisch. Ganze Landstriche wurden durch das Vergessen entzivilisiert; große Länder wurden zur Wüste. Und sehen Sie«, setzte er noch einmal an, »jetzt ist die Kirche so schön wie ein verwitterter alter Grabstein. Und sie ist ja auch ein Grab. Sie ist immer noch das Grab der Heiligen, die an Gottes liebster Stadt mitgemauert haben. Unser Kalender ist voll wie ein Ei mit den Festen und all den Gedenktagen der Heiligen und Apostel, die für diese Geschichte ihr Leben eingesetzt haben. Dafür, daß die Welt heilig wird, gerecht, frei und heil. Noch immer erinnern fast alle Namen Europas an diese Geschichte: Peter, Paul, Andreas, Lukas, Johannes, Markus, Martin, Ulrich, Maria, Magdalena, Martha oder Monika, die Mutter Augustins, oder Helena, die Mutter Konstantins, Agatha, Elisabeth, die schönsten Frauennamen. Sie füllen den

Kalender vom ersten bis zum letzten Tag. Doch wir gehen über diese Tage hinweg wie über Pflastersteine. Wir spüren es nicht mehr in den Füßen. Dörfer, Städte und sogar Landstriche tragen ihre Namen. Sie haben durch die Jahrhunderte das Netz geknüpft, das wir heute Europa nennen.«

Ja, die Heiligen. Jetzt wird Bruder Ritz wohl selber mitten unter ihnen wohnen. Inzwischen ist längst und mehr als all das eingetreten, wovon Ritz noch geträumt hat. Seine Heimat Ungarn ist frei. Die Blöcke sind überwunden. Der Kommunismus zerbrochen. Nur die Rundkirche Santo Stefano in Rom schlummert immer noch vor sich hin, um als erhabener Erinnerungsstein bis zum Ende der Tage leise das Lied dieses Pförtners zu singen.

Berlin, März 1998

Eine Großbaustelle mitten in Europa.

Als ich eilig ein paar Unterlagen zusammensuche, fällt mir aus dem Regal ein Stapel Zeitungen vor die Füße, zuoberst das Heft vom 10. November 1989 mit der Geschichte vom »Europäischen Haus«, mit der die Idee zu diesem Buch einmal geboren wurde. Gleich muß ich verreisen. Dennoch öffne ich das Heft wie eine Tür, setze mich, schaue mir die Fotos an und blättere in den Seiten, wie man Fenster öffnet, um ein lange unbesuchtes Haus zu lüften. Die Zeit verrinnt. Schließlich springe ich auf, stecke das Magazin zu den anderen Papieren in die Tasche, greife nach Mantel und Hut, laufe die Treppe hinunter und aus dem Haus – und schlage drei Stunden später die Seiten wieder in der Berliner S-Bahn auf, wo ich endlich den Schluß meiner eigenen Geschichte noch einmal lese, die in jener Nacht an die Kioske ausgeliefert wurde, als in Berlin die Mauer fiel, in den Stunden der unerhörten Beschleunigung unserer Zeit.

»Die Bürde der Vision von der Neuen Stadt sind wir nie losgeworden, sooft wir sie auch abzuschütteln versuchten«, lese ich nun da, wie in einem alten Brief an mich selbst. »Und wie auch? Diese Stadt wurde ja auf einem Scheitern gegründet. So kam sie auf uns, nie im Triumph. Die Heilige Stadt hat ein einzigartiges Scheitern durch die Geschichte hinter sich. Darüber ist Europa zu einem Weltteil stolzer Städte geworden, die alle kein Werk von Sklaven sind. Propheten haben hier als Architekten mitgearbeitet, Heilige sind als Bauleute vom Gerüst gefallen. Und alles ist immer wieder zusammengebrochen, wie die alten Kathedralen, an denen Europa das Bauen von Hochhäusern erstmals erprobte. Vielleicht wurde noch kein Haus mit größerer Liebe erbaut. Vielleicht wurde auch noch kein Haus mit so viel Leid errichtet. Ich weiß es nicht. Ich weiß nur, daß dieser Bau mich nicht mehr losläßt. Seit vielen Jahren streife ich auf seinen Gängen und Fluren umher wie durch ein Labyrinth. Und jetzt geschieht plötzlich jeden Tag nie Gehörtes in seinen Mauern. Jetzt geht endlich das römische Reichszeitalter zu Ende, selbst in Moskau, dem dritten Rom: die Tage des Augustus, Neros und Konstantins, der ›Wohltäter und großen Erhabenen‹. Vorbei!«

Ich lasse das Heft sinken, schaue abwesend aus dem Fenster und folge mir schließlich wieder zurück in die Schlußsätze jener Geschichte, zum letzten Raum des europäischen Hauses, in den ich damals vorgedrungen war: »Der Gang, dem ich folge, wird endlich heller. Jetzt sehe ich zwei Türen auf der linken Seite. Der markerschütternde Schrei einer Frau zerreißt hinter der ersten Tür plötzlich die Stille; hinter der nächsten Tür wimmert ein Neugeborenes. Drei Schritte weiter bricht ein Lichtstrahl durch einen Riß in der Wand. Der Spalt läßt einen neuen Raum dahinter erkennen, mit offenen Fenstern und Türen nach allen Seiten. Bei einer Säule in der Mitte lehnt ein rauchender Mann mit einem Besen in der Hand an einer Leiter; vor einem Gerüst daneben räumen zwei Arbeiter Schutt zusammen. Ich höre Bohrmaschinen, Axthiebe und Hammerschläge. Morgenlicht fällt auf die kleine Baustelle, durch leuchtendes Laub. Ein silberner See oder Fluß glitzert durch die kupferroten Bäume. Die Luft tanzt, alle Atome. Der Raum ist voll mit flimmerndem Staub.«

Mit dem Bild dieser Baustelle endete meine Geschichte. Und nun hebe ich den Kopf aus der alten Zeitung hoch und schaue auf unentzifferbare Graffiti, mit denen das S-Bahn-Fenster vor meinen Augen verschmiert wurde. Dahinter sehe ich Kräne ohne Zahl, einen Urwald von Kränen. Vom Bahnhof Zoo zur Friedrichstraße fährt die Bahn in einem großen Bogen um schwindelerregend tiefe Baugruben, riesige Krater herum. Wie hoch mögen die Türme werden, die aus diesen Baustellen heraus in den Himmel ragen werden? Stählerne Maschinenspinnen pflügen den Grund von unten nach oben. Das Knattern der Preßlufthämmer und Kreischen der Bohrer übertönt das Rattern der Räder. Gerüste, wohin das Auge blickt. Unverschalte Rohbauten begleiten den Schienenweg links und rechts. Eine Großstadt als Großbaustelle, eine Baustelle als Pilgerort, ohne Tag und Nacht; im Licht der Scheinwerfer wird rund um die Uhr gearbeitet. In China soll es noch größere Baustellen geben, ich aber habe Vergleichbares mein Lebtag noch nicht gesehen. Die Silhouette vom letzten Jahr ist schon nicht mehr da. Von der Berliner Mauer sind nur noch Reste übrig. Eine schimmernde Glaskuppel wölbt sich über dem alten Reichstag.

An der Voßstraße ist das alte Areal der Reichskanzlei mit einem Bauzaun eingezäunt. Von einem Hochstand aus kann man einen Blick hinüberwerfen: ein zusammengekehrter Haufen Ziegel und Mauerstücke, der unter den emporschießenden Türmen des neuen Potsdamer Platzes verschwinden wird. »Ist das der Rest der alten Reichskanzlei?« frage ich ein Rentnerehepaar, das ächzend mit mir hochgestiegen ist. Sie murmeln und nicken verlegen. Das war sie. Das Erdreich ist viele Meter tief ausgekratzt, darin werden neue Fundamente gegossen. In den Ministergärten hinter den Fundamenten der alten Reichskanzlei wartet ein Meer aus feinem märkischem Sand, daß neue steinerne Schiffe hier auf unserer Reise durch die Zeiten wieder vor Anker gehen. Doch die himmlische Stadt wird auch dieses neue Deutschland nicht sein, egal wie sehr Europa heute durch seine Freiheiten fasziniert, und auch durch seinen Wohlstand, der selbst den Glanz der Serenissima Repubblica Venezia in ihren besten Tagen überstrahlt.

So wird Europa jetzt von Milliarden von plattgedrückten Nasen an unseren prallgefüllten Schaufenstern bedroht. Selbst der Müll, der uns erstickt, ist noch für Millionen anziehend. Wie können wir all diesen Habenichtsen Gerechtigkeit widerfahren lassen? Wie sollen sie teilhaben dürfen am Abendland, dessen Gründungsvision die gerechte Stadt war? Oder haben wir von all dem nur in Gemälden, in der Phantasie geträumt, als Erinnerung an eine Stadt, die es noch niemals gab? Oder ist Europa eine ewige Baustelle, wie die der Bauhütten der Kathedralen, die immer gleichzeitig erbauen, bewahren und ausbessern müssen, damit das Ganze nicht zusammenstürzt?

Gent, Juni 1996

Gott hat das Menschenopfer verboten.

Gewiß gibt es von keiner Stadt schönere Bilder als vom himmlischen Jerusalem. Im flämischen Gent tauchen ihre Türme und Zinnen in einer Seitenkapelle so nah und schön wie vielleicht nirgendwo sonst mehr hinter einem Garten auf, der dort zu Beginn unseres Zeitalters angelegt wurde. Besucher aus den fünf bewohnten Kontinenten drängen sich vor diesem Garten. Er ist in einen Altar hineingemalt, an dem die Christen der Stadt seit fünf Jahrhunderten die Passion und Auferstehung Christi gefeiert haben. Aus dem Altarbild dieser »Hochzeit des Lammes« kommen den Besuchern alle Beteiligten des jüdisch-christlichen Menschheitsdramas entgegen. Hier blicken sie uns alle noch einmal an, die Patriarchen, Propheten und Pilger, die Apostel, Märtyrer und Heiligen, die Einsiedler, Bischöfe, Jungfrauen und Ritter Christi, die alle in jeweils eigenen Prozessionen auf die Mitte zugehen.

»Ein Licht für die Welt, ein Zeuge des Herrn«, nennt eine Inschrift die Bildtafeln von 1432, die einen großen Paradiesgarten in einer Stadt aufscheinen lassen, der gleichzeitig vom Osten her von einem silbernen Morgen bestrahlt und vom Westen von einem goldenen Abend durchwärmt wird. Keine Nacht bricht in ihn ein. Sanfte Hügel, Wiesen und Schluchten gliedern das Arkadien. Fern am Horizont begrenzen blaue Berge den Garten mit den verzauberten Tälern, davor aber die Filigranarchitektur verschiedener Giebel, Dächer und Erker, die hinter den Hecken und Hainen emporwachsen, ein Himmelsgewölbe auf Erden. Romanische, gotische und byzantinische Türme schießen da zu einer himmlischen Silhouette in die Höhe, maasländisch, rheinisch, orientalisch. Es ist ein steinernes Halleluja, eine leuchtende Stadt, die im Osten, im Westen, im Norden und Süden dieses Paradies umgibt, gerade so wie die Wolkenkratzer Manhattans als steinerne Ozeanliner den Central Park in New York umrahmen. Am nassen Ufer des Lebensbrunnens unterhalb der Mitte liegen rohe Edelsteine aller Art im feuchten Kies. Im Park dahinter entzückt ein einziges Gemälde aus Rosen, Pfingstrosen, Lilien, Veilchen, Erdbeeren und Gewürz- und Heilkräutern aller Art die Augen. Wein, Flieder, Farn, Granatäpfel, Lorbeerbüsche und Zitrusbäume formen duftende Haine. Zypressen und lichtdurchflutete Königspalmen schießen wie Fontänen in den Himmel. Wolken von Singvögeln steigen aus den Zweigen und senken sich wieder in das Geäst. Eine Taube durchstrahlt das ganze Bild von der Höhe her. Und in der Mitte der Himmelsweide thront das Lamm auf einem Altar. Es ist ein Fest für die Augen.

Das gleiche Bild ließ Karl der Große schon gute sechshundert Jahre zuvor in das goldene Kuppelmosaik der Aachener Pfalzkapelle anbringen: das blutende Lamm auf dem Thron, umringt von den vierundzwanzig Ältesten und Mächtigen, die sich von ihren Sitzen erhoben und die Kronen von ihrer Stirn genommen haben, um sie dem Lamm darzubringen. Bis an die frühesten Anfänge unserer Geschichte verweist uns dieses Wunderwerk zurück. Das Lamm auf dem Thron der himmlischen Stadt ist der Geschichte Europas von Anbeginn an wie ein Siegel aufgeprägt.

Es sehe »wie geschlachtet« aus, schrieb Johannes – wie das Lamm, das in der Nacht des Auszugs Israels aus Ägypten geschlachtet und verzehrt wurde, als die ägyptischen Familien ihre Erstgeborenen an den Todesengel abgeben mußten. »Am Zehnten dieses Monats soll jeder ein Lamm für seine Familie holen, ein Lamm für jedes Haus«, hatte Moses den Israeliten verkündet. »Ist die Hausgemeinschaft zu klein, so nehme er es zusammen mit dem Nachbarn, der seinem Haus am nächsten wohnt, nach der Anzahl der Personen. ... Gegen Abend soll die ganze versammelte Gemeinde Israel die Lämmer schlachten. ... Noch in der gleichen Nacht soll man das Fleisch essen. Über dem Feuer gebraten und zusammen mit ungesäuertem Brot und Bitterkräutern soll man es essen.« Und weiter: »Man nehme etwas von dem Blut und bestreiche damit die beiden Türpfosten und den Türsturz an den Häusern, in denen man das Lamm essen will. Denn in dieser Nacht, spricht Gott, gehe ich durch Ägypten und erschlage in Ägypten jeden Erstgeborenen bei Mensch und Vieh. Über die Götter Ägyptens halte ich Gericht, ich, der Herr. Das Blut an den Häusern, in denen ihr wohnt, soll ein Zeichen zu eurem Schutz sein. Wenn ich das Blut sehe, werde ich an euch vorübergehen.« So sah er aus, der erste Pessach, der Vorübergang des Herrn. Wo die Lämmer geschlachtet wurden, bleiben die Menschen am Leben. Alle Osterlämmer Europas überliefern die Erinnerung an diese Geschichte, an eine Geschichte des Lebens und Überlebens.

Vor allem Anfang unserer Geschichte stand das Menschenopfer. Nicht Abel, der zweite, sondern Kain, der erstgeborene Sohn Adams, ist unser Stammvater; die Erde ist Kains Welt. Menschenopfer gehörten seit Anbeginn zu den hartnäckigsten Versuchungen der Menschen, vorzugsweise als Kindsopfer. Die ersten Throne sind Opfersteine. Die Azteken haben noch bis in unsere Neuzeit wie toll Menschen geopfert. Schließlich haben sie extra Kriege geführt, um an genügend Menschen zu kommen, denen sie das zuckende Herz zu Ehren der Götter aus dem Leib schneiden konnten. Der Bibel können wir entnehmen, daß auch im Hinnomtal unter dem Zionsberg in Jerusalem lange Zeit der Boden von dem Blut der Kinder schmatzte, die dort dem Moloch dargebracht wurden. Auf den Hügel gegenüber, den heutigen Tempelberg, hat Gott Abraham – in der frühen Bronzezeit – zu steigen befohlen; er möge ihm seinen einzigen Sohn, ein Messer und einen Holzstoß auf diesen Berg Moriah mitbringen. Hier wollte er Isaak von ihm zurückverlangen. Da nahm Abraham also seinen einzigen, über alles geliebten Sohn, stieg mit ihm den Berg hinauf, packte ihn, warf ihn hin, band ihn auf den Holzstoß und zückte das Messer. Es war eine Umkehrung aller Verhältnisse, als der Schöpfer des Himmels und der Erde in diesem Moment dem Stammvater Israels das Menschenopfer verbot. Anstatt des Sohnesopfers wollte er ein Lamm als Ersatz. Dieses Lamm war der Vorläufer des späteren Lammes auf dem Thron. Bis zur Zerstörung des jüdischen Tempels durch die Römer hörte deshalb auf dem Tempelberg das Blut der Tieropfer nicht mehr auf zu strömen – in heiliger Erinnerung.

Es hat Jahrtausende unserer Geschichte gebraucht, die menschenfresserische Gewalt notdürftig zu bannen – an Pessach und Ostern, diesem ersten Fest unserer Geschichte. Es hat elend lange gedauert, bis es als Menschenrecht anerkannt wurde, daß nicht einfach jemand geopfert werden darf. Vielleicht war die späte Bindung an den göttlichen Vorrang des Menschen schon deshalb immer nur lose. In unserem Jahrhundert haben wir die dünnen, abgewetzten Stricke dann endgültig wieder wie alte lästige Fesseln abgestreift. Und erst jetzt sehen wir, daß es keine Fessel war. Es war der Verband über einer klaffenden Wunde, den wir uns da abgerissen haben. Der moderne Mensch hat wie noch nie einer vor ihm mit der Zivilisation gebrochen, der er entstammt. Ein Todessyndrom ist zum Kennzeichen der ersten nachchristlichen Epoche des Abendlands geworden. Bis zum Beginn der neunziger Jahre wurden in unserem Jahrhundert fast zweihundert Millionen Zivilisten und vierunddreißig Millionen Soldaten umgebracht – nicht allein in Europa, aber doch zuerst in Europa – und alle mit Waffen und Methoden, die nur im Abendland und seiner Befreiungsgeschichte von allen Fesseln entwickelt werden konnten. War also alles umsonst?

München, Mai 1999

Ein später Besucher aus Sarajevo.

Das Fensterbrett neben meinem Schreibtisch ist überdeckt mit Postkarten aus ganz Europa, die ich meiner Frau aus den Vorstädten der Heiligen Stadt geschickt habe, aus Rom, von den Baustellen Berlins, aus Gent, Jerusalem, Dubrovnik, davor eine Jakobsmuschel aus Santiago. Darüber an der Wand ein Foto des geschlachteten Lammes. Daneben die purpurfarbene Seite eines karolingischen Evangeliars. Doch jetzt schaue ich wieder auf den Bildschirm, die Hände zögernd auf der Tastatur, zehn Jahre nach dem Fall der Berliner Mauer, um vor dem Ende des zwanzigsten Jahrhunderts endlich dieses Buch abzuschließen, das ich noch mit Bleistift zu schreiben begonnen hatte. Es ist späte Nacht geworden. Kein Mensch entsteigt mehr unter meinem Fenster dem U-Bahn-Schacht, eben zieht die letzte Straßenbahn vorbei. Nur in einem Fenster gegenüber brennt noch Licht. Der Vollmond hängt über der Stadt. Es war eine lange Reise.

Manchmal schien mir die goldene Stadt unterwegs so nah, daß ich schon meinte, die Chöre ihrer Engel zu hören. Dann wieder verloren sich die Stimmen der Geschichte, die Stimmen der Heiligen Stadt, wie verstummende Signale aus der Tiefe des Weltraums. Seit langem möchte die Weltgeschichte über sie hinweggehen wie über einen der vielen Mythen der Bronzezeit. Es war unmöglich. Die letzten beiden Jahrtausende waren die Zeit Europas. Nun nähert sich die zweite Jahrtausendwende. Fängt deshalb auch eine neue Geschichte an?

Zwei Straßen weiter weg, da hinten am Isarufer, hat Oswald Spengler vor achtzig Jahren den »Untergang des Abendlandes« geschrieben. Aber das Abendland ist weiterhin eine kulturelle Einheit geblieben, obwohl hier schon lange keine Kreuzfahrer mehr nach Jerusalem aufbrechen. Das moderne Europa, ja der gesamte Westen bleiben immer jüdisch-christlichen Ursprungs. Anders ist Europa nicht zu verstehen.

Schon die Vokabel hält diese Geschichte auf merkwürdige Weise fest. Zuerst begegnet sie uns in der griechischen Mythologie, wo Europa die Tochter eines phönizischen Königs ist, die von Zeus in Stiergestalt von den Küsten Kanaans über das Meer nach Kreta entführt wurde. Der Name stammt auch nicht aus dem Griechischen, sondern vom semitischen Begriff »erev« ab, der im Hebräischen »Abend« heißt. Dieser Dialog zwischen Ost und West ist zum Schicksal des Abendlands geworden. Hier hat sich das Christentum aus dem Glauben Israels und dem griechischen Geist entwickelt. Das moderne Europa ist christlichen Ursprungs, was auch immer noch daraus werden mag.

Christlichen Ursprungs ist freilich auch das, schrieb Gilbert Keith Chesterton zu Anfang des Jahrhunderts, »was ganz und gar antichristlich aussieht. Christlichen Ursprungs ist die Französische Revolution. Christlichen Ursprungs ist die Zeitung. Christlichen Ursprungs sind die Anarchisten. Christlichen Ursprungs ist die Naturwissenschaft. Christlichen Ursprungs ist auch der Angriff auf das Christentum.« Keine andere Kultur sonst hat diesen selbstkritischen Freiraum eröffnet. So ist Europa inzwischen zum ersten und bislang einzigen säkularen Kontinent der Erde geworden.

Europa ist in allen Katastrophen nicht untergegangen. Im Gegenteil, ein halbes Jahrhundert nach dem schrecklichen Krieg sieht diese neueste Geschichte aus wie ein einziges Wunder. Die Grenzen fallen. Das Recht ist aufgerichtet. Kein Willkürstaat wird mehr auf Dauer in unserer Mitte geduldet. Die Kultur Ägyptens blieb sich über Jahrtausende nahezu gleich, ebenso die Kultur Chinas. Die Welt zu verändern galt in allen Hochkulturen als Gotteslästerung. Hier aber ist gegen alle Widerstände und Rückschläge tatsächlich viel von der alten Vision verwirklicht worden: die Trennung von Staat und Kirche, die Entheiligung aller Macht. Das jahrzehntelang ruinierte Polen blüht wieder auf. In Nordirland ist inzwischen mit großer Hoffnung ein neues Kapitel der Geschichte aufgeschlagen worden. Und der Süden, das whiskeyselige katholische Irland wird wohl der neue Tigerstaat des Abendlands. Am ersten Tag des letzten Jahres in diesem Jahrhundert, dem wie einer Münze der Name der Stadt Sarajevo aufgeprägt bleibt, hat Europas neue Währung die Börsen der Welt in Staunen versetzt. Auch mit dem starken Euro, diesem Triumph der Finanzgeschichte, fängt etwas Neues an. Es ist sicher nicht die Krönung Europas, aber der Friede unter alten Erzfeinden ist zur selbstverständlichen Geschäftsgrundlage geworden. Kein Nachbar muß mehr als mörderische Bedrohung gefürchtet werden. Ist das kein Traum, so unglaublich wie damals, am Anfang des Abendlands, am Tisch Kaiser Konstantins in Nicaea die Einigung der frühen Christenheit? Das kleine Europa reckt und streckt sich wie ein Bär nach dem Winterschlaf.

Seit dem Zweiten Weltkrieg hat der westliche – oder karolingische – Teil Europas unter der Bedrohung durch den Kommunismus seine größte Blüte erlebt. Gerechtere, sozialere Zeiten wurden in dieser Weltregion nie gesehen als während des Kalten Krieges. Das Haus des Feindes ist zerbrochen. »Jetzt wissen wir endlich alle, in welche Verirrungen ein Messianismus führen kann, wenn er heidnisch ist, wenn er der göttlichen Salbung beraubt wird, wenn er auf einen politischen, sozialen und ethnischen Imperialismus reduziert wird«, beschließt Aaron Jean-Marie Cardinal Lustiger, der jüdische Erzbischof von Paris, dieses Kapitel. Werden aber ohne den Stachel dieser aggressiven Herausforderung im Westen nicht vielleicht auch die Anstrengungen für eine bessere Welt nachlassen? Die Zukunft ist ein unbekanntes Reich. Die große Liebe zum Messias scheint verdampft, die Europa einmal zu dem gemacht hat, was es heute ist.

Denn es war ja immer auch eine höchst lästige Liebe. Das

Christentum war von Anfang an das Gegenteil jeder Naturreligion, es war die Kulturreligion schlechthin. Hitler hatte einen untrüglichen Instinkt für dieses Paradoxon; er wußte genau, daß das Herzstück des jüdisch-christlichen Erbes, die zehn Gebote, die Bergpredigt, der Natur des Menschen immer fremd geblieben war. Nicht fremd sind uns Mord, Raub, Diebstahl, die Lüge in all ihren schillernden Formen. Frieden kannten die Menschen den größten Teil ihrer Geschichte nur als Sehnsucht.

Darum ist kein Gedanke Gottes mehr mißbraucht worden als der von seiner liebsten Stadt. Deshalb hat die alte messianische Hoffnung am Anfang des Jahrhunderts die Oktoberrevolution noch mit angetrieben. Es war ein Versuch von vielen, sich des ältesten Traumes Europas zu bemächtigen. Welch edlere Sehnsucht gibt es denn als die gemeinsame Überwindung aller Not? So ist der Mißbrauch dieser Sehnsucht immer besonders leicht gewesen, und so konnte der Traum auch ein Alptraum werden. Die schlimmsten Diktaturen der Geschichte Europas haben ihn zusammen mit dem Vokabular der jüdisch-christlichen Heilsgeschichte, das sich in gut tausend Jahren wie ein Mantel um die Entdeckung unserer Identität gelegt hatte, beschlagnahmt. Die Verdrehung der christlichen Muttersprache ist vielleicht die perfideste Meisterleistung Joseph Goebbels gewesen. Unter Hitler und Stalin wurde die Rede von der geheilten, erlösten Gesellschaft zu einem alles verzehrenden schwarzen Loch der Geschichte.

Haben wir das Schlimmste damit nun hinter uns? Sind wir endlich besser, tapferer, klüger geworden? Wer so denkt, hat keine Ahnung, wie gut, tapfer und klug die Menschen der Jahre 1914 bis 1945 waren – oder zur Zeit der Karolinger oder zur Zeit der Französischen Revolution. Wir haben mehr Glück und oft mehr Glück als Verstand, aber die Welt wird nicht besser. Verdun, Auschwitz, Hiroshima waren jedenfalls noch nicht das Ende, wie wir heute sehen. Die Geschichte geht weiter und auch die Dechristianisierung, deren Geschichte zugleich mit der Christianisierung anfing.

Ein Wunder bleibt, wie weit es das Christentum, in dem es schon immer mehr Irrlehrer als Lehrer gab, gebracht hat. Schon immer sind über die Christenheit von allen Seiten die Wölfe hereingebrochen wie in einen Schafstall, meistens im Schafspelz, gütig wie der gute Hirt persönlich. Warum sollte es heute anders sein?

Doch in unseren Tagen ragen die alten Kathedralen wie einsame Inseln aus den Profilen der Städte – Berggipfel einer untergegangenen Kultur. Im Medienzeitalter scheint die Kirche wieder eine verschwindende Minderheit im eigenen Haus zu sein. Im Stammland Luthers und der Reformation gibt es zur Jahrtausendwende wohl mehr praktizierende Muslime als praktizierende Protestanten, und das ist gut so. Das Urbild der Stadt mit den zwölf offenen Toren hat es dahin kommen lassen, die himmlische Stadt ist schließlich auch zur Mutter der pluralistischen Gesellschaft geworden. Dafür sei Gott noch einmal Dank. Aber die Stunde scheint nicht mehr fern, da es in Europa weniger Christen geben wird, als hier vor dem Krieg Juden lebten. Heute finden sich im alten Abendland keine zwölf Dichter mehr, die die Geschichte des himmlischen Jerusalems noch einmal neu erzählen könnten. Dabei ist Europa immer noch vollgepackt mit Gotteshäusern wie kein anderer Teil der Erde, die die Geschichte stumm weitererzählen, allerdings in einer Schrift, die bald keiner mehr zu lesen versteht – »in himmlischem Chaldäisch«.

In jedem Dorf, in jeder Stadt stehen Kirchen, die allesamt einmal wie gemauerte Gebete errichtet wurden, die meisten von ihnen prächtiger als der erste Tempel Salomons, eine herrlicher als die andere, eine von Jahr zu Jahr leerer als die andere und alle Metaphern der himmlischen Stadt. Wie viele Gotteshäuser gibt es allein in Rom oder in Venedig, der Stadt des Evangelisten Markus, die ebenso nach der Vision der Stadt aus dem Himmel errichtet und gestaltet wurde wie viele andere der schönsten Städte Europas. Die Kirchen sind Schatzhäuser geworden, die die Räuber und Plünderer anziehen. Aber auch so war es schon immer, seit den Wikingerüberfällen. Ritz hatte recht, als er in Rom meinte, dieser Raum und kein anderer sei die innerste Kammer, das dreizehnte Zimmer des europäischen Hauses. Die Kirche ist seit Anbeginn »Haus der Erinnerung«, zusammen mit der Synagoge, wo Anfang und Ziel unserer Geschichte in Text, Ritus, Zeichen und Gebärden gespeichert bleiben. Keine Geschichtswissenschaft kommt ihnen darin gleich. Darum hat vor über zehn Jahren die große Umwälzung im Osten aus Kirchenräumen ihren Anfang genommen. Da waren wieder, wie 1789, »die verdammten Pfarrer Schuld an der Revolution«, mit ihrem aufrührerischen Vokabular der gerechten, friedvollen und Heiligen Stadt. »Schwerter zu Pflugscharen!«

Denn die politische Geschichte Europas ist die Geschichte einer Sehnsucht. Im alten Israel wurde sie zuerst erweckt. Jahrtausendelang wurde sie danach in der Synagoge und der Kirche gepflegt, auch wenn Juden und Christen über Jahrhunderte vergessen haben, daß sie diese Hoffnung teilen. Nur in diesen beiden Herzkammern konnte das leidenschaftliche Verlangen so mächtig werden, diese Sehnsucht nach einer Gesellschaft, die ihren Ursprung im Streben nach Gerechtigkeit und Freiheit hat. »Ihr seid das Salz der Erde, ihr seid das Licht der Welt.« Seit achthundert Jahren senkt sich der mächtige Kronleuchter Kaiser Barbarossas als leuchtendes Abbild des neuen Jerusalems im Aachener Münster vom Himmel zur Erde herab. In die Fundamente ihrer Türme sind für die Augen aller Besucher die acht Seligpreisungen der Bergpredigt graviert: »Beati pauperes spiritu. Selig, die keine Gewalt anwenden. Selig die Trauernden. Selig, die hungern und dürsten nach der Gerechtigkeit. Selig die Barmherzigen. Selig, die ein reines Herz haben. Selig, die Frieden stiften. Selig, die um der Gerechtigkeit willen verfolgt werden, denn ihnen gehört das Himmelreich.«

Hier ist unsere tiefste Sehnsucht geheiligt und gesalbt worden. Die Wunde der verbrecherischen Amputation, mit der die Synagogen bei vollem Bewußtsein aus unserer Mitte herausgeschnitten wurden, ist nie geheilt. Und nun lassen die Rhythmusstörungen der christlichen Herzkammer Europas viele bang werden. Nein, das Abendland ist nicht untergegangen, aber steht die alte Mutter Kirche, die einmal als junge Braut in unsere Geschichte eingetreten ist, nicht vor dem Infarkt? Ihre Stimme ist so leise geworden, so mutlos. Verlacht wie die Stimme einer Greisin, längst höhnischer, als Voltaire jemals über das »alte, abgelebte Weiblein« gekichert hat. Werden wir am Schluß der Geschichte, mitten in Europas Triumph, also doch noch von der Vergeblichkeit eingeholt, von einer lähmenden Mutlosigkeit befallen? Fängt mit der weltweiten elektronischen Revolution nicht eine neue und andere Geschichte an, eine Geschichte, die von uns schon gar nichts mehr wissen will? Oder ist es vielleicht wie damals, als nach der Erschöpfung des Mittelalters hinter dem Horizont eine zweite Chance, eine neue Welt aus den Wassern der Urflut auftauchte? Vielleicht. Doch keiner weiß, wohin die Reise über diesen Horizont führen wird.

Im Osten schlingert Rußland einer neuen Katastrophe entgegen. In der Südprovinz Restjugoslawiens gehen serbische »Sicherheitskräfte« in einem fiebrigen Blut- und Bodenrausch gegen ihre albanischen Mitbürger vor. Das Amselfeld wird »gesäubert« – durchgeschnittene Kehlen, zerschmetterte Babys, Flüchtlingsströme über Hügel, durch Schluchten und Täler. In Norditalien heben bombenschwere deutsche Tornados mit Kurs auf Belgrad ab. Im letzten Jahr dieses Saeculums brechen wahrhaftig Engländer, Franzosen, Deutsche, Spanier, Italiener und Amerikaner, brechen die Erben der Kreuzfahrer in einer Allianz aus neunzehn Verbündeten zum Balkan hin auf, um dort die Muslime Europas vor den Sonderkommandos einer postkommunistischen, postchristlichen Demokratur zu beschützen. Keine Schlachthäuser mehr in den Kellern des europäischen Hauses, keine Konzentrationslager mehr in unseren Vorgärten! Etwas Neues geschieht in diesen Tagen und Nächten in der Welt.

Eine erste Amsel beginnt im Baum gegenüber zu singen. Die erste Straßenbahn fährt unter meinem Fenster vorbei, ein Streifen rosaroten Lichts konturiert den Dachfirst des Nachbarhauses. Ein neuer Morgen bricht an. Ich beginne den letzten Satz: »Gerechtigkeit verwirklicht sich im Widerstand, Wahrheit öffnet sich nur dem mutigen Widerspruch ...« Da ist plötzlich ein letzter Gast geradewegs durch die Wände in das letzte Zimmer dieses Buches eingetreten. Das Purpurrot seiner Knopflochbordüren will uns auch am Ende dieses Jahrhunderts an den Purpur der römischen Senatoren vom Anfang unseres ersten Jahrtausends erinnern. Der Erzbischof von Sarajevo konnte nicht früher erscheinen. Krieg hat ihn zurückgehalten. Flüchtlingsströme haben die Straßen verstopft. »Ein Schwimmer, der gegen eine starke Strömung schwimmt, glaubt, auf der Stelle zu stehen«, sagt Vinko Kardinal Puljić und schaut uns prüfend an. »Derselbe Schwimmer wäre aber, wenn er nicht kräftig mit den Armen gerudert hätte, längst weit abgetrieben worden«, fährt der rundliche Mann lächelnd fort. »Die gerechte Gesellschaft läßt sich auf Erden nicht verwirklichen. Das ist unmöglich. Aber wenn wir aufhören, es zu versuchen, dann enden wir in der finstersten Barbarei. Denn die läßt sich verwirklichen!«

ANHANG

Aus der Geheimen Offenbarung des Sehers Johannes

Kapitel 21 und 22,1–5

Dann sah ich einen neuen Himmel und eine neue Erde; denn der erste Himmel und die erste Erde sind vergangen, auch das Meer ist nicht mehr. Ich sah die Heilige Stadt, das neue Jerusalem, von Gott her aus dem Himmel herabkommen; sie war bereit wie eine Braut, die sich für ihren Mann geschmückt hat. Da hörte ich eine laute Stimme vom Thron her rufen: Seht, die Wohnung Gottes unter den Menschen! Er wird in ihrer Mitte wohnen, und sie werden sein Volk sein; und er, Gott, wird bei ihnen sein. Er wird alle Tränen von ihren Augen abwischen: Der Tod wird nicht mehr sein, keine Trauer, keine Klage, keine Mühsal. Denn was früher war, ist vergangen.

Er, der auf dem Thron saß, sprach: Seht, ich mache alles neu. Und er sagte: Schreib es auf, denn diese Worte sind zuverlässig und wahr. Er sagte zu mir: Sie sind in Erfüllung gegangen. Ich bin das Alpha und das Omega, der Anfang und das Ende. Wer durstig ist, den werde ich umsonst aus der Quelle trinken lassen, aus der das Wasser des Lebens strömt. Wer siegt, wird dies als Anteil erhalten: Ich werde sein Gott sein, und er wird mein Sohn sein. Aber die Feiglinge und Treulosen, die Befleckten, die Mörder und Unzüchtigen, die Zauberer, Götzendiener und alle Lügner – ihr Los wird der See von brennendem Schwefel sein. Dies ist der zweite Tod.

Und es kam einer von den sieben Engeln, die die sieben Schalen mit den sieben letzten Plagen getragen hatten. Er sagte zu mir: Komm, ich will dir die Braut zeigen, die Frau des Lammes. Da entrückte er mich in der Verzückung auf einen großen, hohen Berg und zeigte mir die Heilige Stadt Jerusalem, wie sie von Gott her aus dem Himmel herabkam, erfüllt von der Herrlichkeit Gottes. Sie glänzte wie ein kostbarer Edelstein, wie ein kristallklarer Jaspis. Die Stadt hat eine große und hohe Mauer mit zwölf Toren und zwölf Engeln darauf. Auf die Tore sind Namen geschrieben: die Namen der zwölf Stämme der Söhne Israels. Im Osten hat die Stadt drei Tore und im Norden drei Tore und im Süden drei Tore und im Westen drei Tore. Die Mauer der Stadt hat zwölf Grundsteine; auf ihnen stehen die zwölf Namen der zwölf Apostel des Lammes.

Und der Engel, der zu mir sprach, hatte einen goldenen Meßstab, mit dem die Stadt, die Tore und ihre Mauer gemessen wurden. Die Stadt war viereckig angelegt und ebenso lang wie breit. Er maß die Stadt mit dem Meßstab; ihre Länge, Breite und Höhe sind gleich: zwölftausend Stadien. Und er maß ihre Mauer; sie ist hundertvierundvierzig Ellen hoch nach Menschenmaß, das der Engel benutzt hatte. Ihre Mauer ist aus Jaspis gebaut, und die Stadt ist aus reinem Gold, wie aus reinem Glas. Die Grundsteine der Stadtmauer sind mit edlen Steinen aller Art geschmückt; der erste Grundstein ist ein Jaspis, der zweite ein Saphir, der dritte ein Chalzedon, der vierte ein Smaragd, der fünfte ein Sardonyx, der sechste ein Sardion, der siebte ein Chrysopras, der achte ein Beryll, der neunte ein Topas, der zehnte ein Chrysopras, der elfte ein Hyazinth, der zwölfte ein Amethyst. Die zwölf Tore sind zwölf Perlen; jedes der Tore besteht aus einer einzigen Perle. Die Straße der Stadt ist aus reinem Gold, wie aus klarem Glas.

Einen Tempel sah ich nicht in der Stadt. Denn der Herr, ihr Gott, der Herrscher über die ganze Schöpfung, ist ihr Tempel, er und das Lamm. Die Stadt braucht weder Sonne noch Mond, die ihr leuchten. Denn die Herrlichkeit Gottes erleuchtet sie, und ihre Leuchte ist das Lamm. Die Völker werden in diesem Licht einhergehen, und die Könige der Erde werden ihre Pracht in die Stadt bringen. Ihre Tore werden den ganzen Tag nicht geschlossen – Nacht wird es dort nicht mehr geben. Und man wird die Pracht und die Kostbarkeiten der Völker in die

Stadt bringen. Aber nichts Unreines wird hineinkommen, keiner, der Greuel verübt und lügt. Nur die, die im Lebensbuch des Lammes eingetragen sind, werden eingelassen.

Und er zeigte mir einen Strom, das Wasser des Lebens, klar wie Kristall; er geht vom Thron Gottes und des Lammes aus. Zwischen der Straße der Stadt und dem Strom, hüben und drüben, stehen Bäume des Lebens. Zwölfmal tragen sie Früchte, jeden Monat einmal; und die Blätter der Bäume dienen zur Heilung der Völker. Es wird nichts mehr geben, was der Fluch Gottes trifft. Der Thron Gottes und des Lammes wird in der Stadt stehen, und seine Knechte werden ihm dienen. Sie werden sein Angesicht schauen, und sein Name ist auf ihre Stirn geschrieben. Es wird keine Nacht mehr geben, und sie brauchen weder das Licht einer Lampe noch das Licht der Sonne. Denn der Herr, ihr Gott, wird über ihnen leuchten, und sie werden herrschen in alle Ewigkeit.

Hinweise

Die für dieses Buch notwendigen Reisen durch Europa habe ich als Reporter und im Auftrag der *Frankfurter Allgemeinen Zeitung* unternommen.

Der Holzschnitt »Die Neue Stadt nach der Apokalypse des Neuen Testaments« auf Seite 15 findet sich in der *Biblia* von Hans Lufft, Wittenberg 1534.

Die Bibelzitate wurden mit Ausnahme der Passage auf Seite 113, die aus der *Jerusalemer Bibel*, Freiburg 1968, stammt, der deutschen »Einheitsübersetzung« aus dem Jahr 1980, Stuttgart, entnommen. Valeriu Marcu wurde im Kapitel »Granada, März 1492« nach seinem Buch *Die Vertreibung der Juden aus Spanien*, Amsterdam 1934, zitiert. Die Zitate Hannes Steins im Kapitel »London, Januar 1649« sind inzwischen in seinem Buch *Moses und die Offenbarung der Demokratie*, Berlin 1998, erschienen. Die Zitate Friedrichs II. in den Kapiteln »Potsdam, Dezember 1770« und »Paris, Januar 1793« wurden dem Band acht der Werke Friedrichs des Großen, Berlin 1913, entnommen. Die Beschreibung der Begegnung mit Kardinal Puljić am Ende des letzten Kapitels verdanke ich einem Bericht Martin Mosebachs vom 22. Dezember 1995 im Magazin Nummer 825 der *Frankfurter Allgemeinen Zeitung*.

München, den 1. Juni 1999